暨南大学 企业发展研究所
企业发展研究书丛

U0835280

上市公司前瞻性非财务信息披露质量研究

谭有超◎著

中国经济出版社
CHINA ECONOMIC PUBLISHING HOUSE
北京

图书在版编目（CIP）数据

上市公司前瞻性非财务信息披露质量研究 / 谭有超著.
—北京：中国经济出版社，2019. 12
（企业发展研究书丛）
ISBN 978-7-5136-5874-4

Ⅰ. ①上… Ⅱ. ①谭… Ⅲ. ①上市公司—会计分析—研究—中国 Ⅳ. ①F279. 246

中国版本图书馆 CIP 数据核字（2019）第 188524 号

责任编辑　姜　静　郑　潇
责任印制　马小宾
封面设计　华子图文

出版发行　中国经济出版社
印 刷 者　北京艾普海德印刷有限公司
经 销 者　各地新华书店
开　　本　710mm×1000mm　1/16
印　　张　14. 25
字　　数　230 千字
版　　次　2019 年 12 月第 1 版
印　　次　2019 年 12 月第 1 次
定　　价　68. 00 元
广告经营许可证　京西工商广字第 8179 号

中国经济出版社 **网址** www. economyph. com **社址** 北京市东城区安定门外大街 58 号 **邮编** 100011
本版图书如存在印装质量问题，请与本社销售中心联系调换（联系电话：010-57512564）

总　序

暨南大学企业发展研究所（以下简称“企发所”）成立于2003年，为广东省首批普通高校人文社会科学重点研究基地。经过多年发展，已形成社会责任观下的企业价值创造、行为公司财务和管理会计、生产运营管理与决策、品牌营销与服务管理、组织行为与人力资源管理五个成熟的研究团队。自2014年以来，企发所旗帜鲜明地确立了“企业转型发展”研究主题，立足广东省、服务大湾区经济，在科学研究、人才培养、学术交流、咨询服务等方面开展了一系列工作，涌现出一批具有影响力的标志性成果。2019年8月，企发所被广东省教育厅评估为“优秀文科平台”。

当前，全球经贸环境正发生深刻变化，经济形势面临严峻的挑战，企业唯有实现以技术创新和产业升级为核心的转型发展，不断提高其自身的竞争力，才能有效应对挑战。同时，我们也看到，我国企业转型发展理论研究迫切需要新的突破，这正是企发所集结学界、业界在相关领域共同展开理论与案例研究并汇集成书的初衷。

2015年，企发所已经开始着眼于当下的经济形势和社会需求，结合自身的研究特色，资助出版了第一批“暨南大学企业发展研究书丛”，获得了业内广泛认可和高度评价。今年，企发所再次资助出版第二批书丛共12本著作。本书丛主要围绕以下四个方面展开研究：

（1）通过建立财政科技资金绩效评价方法、指标及权重体系模型，科学评价广东省财政科技资金投入的绩效，为政府科学决策提供依据，进而提升广东省科技管理的能力。

（2）以传统行业的转型升级为背景，研究上市公司的并购，特别是规模较大的重大资产重组中的核心中介机构——独立财务顾问行为动机和经济后果的现实意义，为梳理、总结、改进声誉机制与独立财务顾问制度的有效性提供有益思路。

(3) 从企业持续发展的战略高度入手，开展管理模式创新研究。探索投资、知识创新、技术革新等要素对企业转型的推动作用，根据客户需求指引生产系统的动态定制，推动企业向规范化、服务化、创新化方向转变。

(4) 依托中国本土文化特色，从心理契约视角研究对品牌关系和顾客品牌决策的影响，寻找企业化解品牌危机以及通过品牌管理获得竞争优势的路径。

本次结集出版得到了中国经济出版社的大力支持，在书丛的编辑过程中，不仅注重每本书的学术水平，而且关注其使用价值。各位作者也都尽可能地将自己的最新研究成果阐述得通俗易懂，以启发更多的读者。由于这些研究成果仍有待完善，理论和方法还有不少值得改进之处，探索企业发展的研究还有待进一步深入。

希望通过此次的出版工作，一方面与国内外有关专家和同行分享相关领域的研究成果；另一方面接受各位专家的批评和建议，不断提高科研工作质量和科研成果水平，为粤港澳大湾区乃至全国的企业发展贡献绵薄之力。

特此为序。

卫海英
暨南大学企业发展研究所
2019 年 11 月

前　言

信息披露公开、公平、公正是资本市场健康稳定发展的前提和必需的关键条件。正因如此，提高上市公司财务透明度以缓解内部管理层与外部投资者之间的信息不对称已经在学术界和实践中达成了共识。然而，受会计确认、计量等因素制约，财务信息主要是企业过去经营情况的反映，缺乏对公司发展前景的直接描述，所以，近年来国内外相关政府机构包括中国证监会都鼓励上市公司披露更多的前瞻性非财务信息，如公司战略、拟投资的项目、未来的发展规划、将要面对的风险，等等。

前瞻性非财务信息的优点在于可以突破会计准则的限制，可以直接向投资者描述公司的未来发展前景；缺点在于其质量难以直接测度，容易被管理层操纵，即使遇到外部投资者的质疑，管理层也能够利用信息优势做出免责性解释。因此，我国上市公司披露的前瞻性非财务信息质量如何，目前尚缺乏系统、全面的理论分析与大样本的经验证据。本书拟在此有所突破，以期丰富相关的学术文献。

鉴于前瞻性非财务信息质量具有内在难以测度的特点，本书主要从披露动机和经济后果两个视角探究前瞻性非财务信息披露质量。基本思路是优质的上市公司是否披露了更多的前瞻性非财务信息，上市公司披露的前瞻性非财务信息能否为投资者决策提供有用的信息，从而提高资本市场的资源配置效率。

本书主要分为四篇七章。其中第 1 篇两章：第 1 章为研究背景、意义和创新；第 2 章为国内外文献综述和简要的文献述评。第 2 篇两章，主要基于披露动机的视角：第 3 章探讨高价值的公司是否愿意披露更多的非财务信息；第 4 章则以上海社保基金腐败案的外生冲击作为自然实验，进一步探讨当公司失去政治关系后，其非财务信息披露水平是否显著增加。第3篇两章，主要基于披露经济后果的视角：第5章研究了前瞻性非财务信息能否缓解公司内部管理层与外部投资者之间的信息不对称，以提高资本市场的资源配置效率，使公司能够在资本市场上获得适合自身发展的资源以避免投资不足和过度投资，从而提高投资效率，同时从公司治理和深交所信息披露考评的视角进一步探讨了非财务信息披露质量的“状态依存性”；第6章则关注的是前瞻性非财务信息的重要构成部分——风险性信息能够提高股票定价的准确性。第4篇一章，即第7章，主要是本书的研究结论、局限和未来研究展望。

本书主要适合会计方向的学者、博士生和高年级的硕士生阅读，并且需要对信息披露的前期知识具有一定的储备。阅读过程中如果发现问题，欢迎批评指正。

谭有超

2019年9月

目　录

第3篇　前瞻性非财务信息披露的经济后果

第4篇　总　结

第 1 篇
绪　论

第1章　研究背景、意义和创新

1.1　研究背景和意义

现代经济学已经证明，信息是市场经济有效运行的关键因素之一，信息不对称是制约经济运行方式和经济效率的基本问题。为维护资本市场的健康发展，提高市场资源配置效率，保护投资者及其他利益相关者的权益，上市公司应当充分披露高质量的财务信息已经成为人们的共识。尽管财务信息能够在一定程度上反映出企业整体的财务状况和经营业绩，但受会计确认、计量等因素制约，其主要面向过去，是对公司历史经营情况的图像反映，相关性和及时性较差，很多重要信息无法通过传统的财务报表予以披露，越来越难以满足投资者的需求。非财务信息尤其是前瞻性非财务信息则可以突破财务信息的限制，有效弥补其不足。公司管理者披露有关企业未来发展前景的大量相关信息，有助于投资者了解企业发展趋势、预测公司未来价值。因此，增加前瞻性非财务信息披露以增强财务报告的有用性已经得到了理论界和实务界的广泛认同。AICPA、FASB、CICA 等机构发布了一系列研究报告鼓励上市公司自愿披露更多的有关企业未来发展前景的前瞻性信息。

近年来，我国政府和相关机构对前瞻性非财务信息披露也越来越重视，比如在《公开发行证券的公司信息披露内容与格式准则第 2 号〈年度报告的内容与格式〉(2003 年修订）》中，证监会仅要求在管理层讨论与分析中“不能只重复财务报告的内容，应着重于其已知的、可能导致财务报告难以显示公司未来经营成果与财务状况的重大事项和不确定性因素”，规定非常模糊，并没有详细的披露指引。随后在 2005 年和 2007 年进行了细化，明确要求上市公司应该在董事会报告中专门披露对未来发展的展望，包括行业竞争格局和发展趋势、未来发展机遇和挑战、发展战略、拟开展的新业务、拟开发的新产品、拟投资的新项目，以及可能对公司未来发展战略和经营目标的实现产生不利影响的风险因素，等等。2012 年，证监会进一步扩大了公司发展前景的风险性信息披露范围，并且还要求披露新增风险的产生原因、影响，以及拟采取的措施。上海证券交易所在 2012 年发布的《管理层讨论与分析的编制要求》中鼓励在"管理层讨论与分析"加强对前瞻性信息的披露，包括对公司所处行业的发展趋势、公司的应对措施、发展战略和经营计划进行阐述，向投资者揭示公司管理层对公司未来发展趋势和发展前景的判断和预期。

从总体趋势来看，有关公司未来发展前景的非财务信息在资本市场上扮演越来越重要的角色。然而，与国外学术研究和实践基本同步相比，国内鲜有文献对前瞻性非财务信息披露进行全面、系统的分析与实证检验，学术研究远远滞后于实践。本课题拟在此有所突破，以期丰富这方面的文献。

前瞻性信息主要以叙述性的文本语言为主，包括公司拟投资项目、拟开发的新产品或新服务、发展战略、经营计划、研发计划、行业发展趋势、可能的风险，等等。这类信息的优点在于可以为信息使用者提供更加及时、相关的前瞻性信息，但缺点是很难被立即证实或者审计（Athanasakou and Hussainey，2014），可鉴证性较差。因此，内部控制人有可能会为了追求控制权私有收益而进行虚假陈述来迷惑市场和投资者，从而损害其质量。尤其是在我国新兴市场的特殊制度背景下，一方面法律制度和监管体系比较薄弱，难以及时发现各种披露违规行为并给予恰当惩戒；另一方面公司治理仍然存在很多不足，各种内部监督和激励机制有待完善，公司管理者更有机会和能力去进行各种虚假陈述行为。那么在这种环境下，我国上市公司披露的前瞻性非财务信息能否为投资者决策提供有用的信息，其质量究竟如何，并且披露质量在不同公司或相同公司不同时期（横向和纵向两个维度）是否有所差异？

国际会计准则理事会（IASB）(2005）认为前瞻性非财务信息披露质量特征包括五个：可理解性、相关性、可支持性、平衡性、时间上的可比性。上述特征有助于我们从理论上理解非财务信息披露质量，但它们大都属于一种原则性的概念界定，我们很难直接套用这些特征直接判断、评价某家上市公司的披露质量，更难以拓展至大样本的实证检验。因此，与财务信息可以通过可操控性应计、盈余平滑度、激进度、真实盈余管理等多种模型可以直接测度相比，前瞻性非财务信息属于叙述性信息，可鉴证性较差，很难直接测度其质量，甚至有学者认为此类信息的质量具有内在的不可测性。当然，也有学者认为披露数量、可读性或者语调可以作为披露质量的替代变量。然而，我们并不认同这一观点：首先，虽然高质量的披露信息应该具备披露充分的特点，但数量仍不等同于质量，如果数量多但不真实，则很难说质量是较高的。其次，语调悲观不能代表披露质量高，因为语调悲观可能是管理者印象管理的结果，比如有学者发现在股票期权授予日前，管理者会披露大量悲观的消息压制股价从而能达到降低行权价格的目的。最后，可读性越强也不表示披露质量越高。原因是如果管理者想通过操纵披露来获取私有收益，比如抬高股价或压制股价，其可读性一般都比较强，否则可读性太差的虚假信息一旦不能被投资者所读懂，很可能难以达到管理者的预期目的。因此，通过总结先前文献，我们认为判断披露质量高低有两种基本方法：一是从披露动机，利用特定事件，观测管理者是否操纵了信息披露，比如 Lang 和 Lundholm（2000）的方法；二是从经济后果，考察信息披露是否为投资者或其他利益相关者提供了决策有用的信息，如果能提供决策有用的信息，则说明质量高；反之，则表示质量较低。基于此，一些国外学者研究前瞻性非财务信息质量更多从其他角度侧面进行判断。评价其质量高低的标准一般是优质公司是否披露了更多的非财务信息，管理者是否明显操纵了信息披露，非财务信息披露是否可以为投资者或其他利益相关者提供有用的决策信息。借鉴国外的研究文献，并结合我国的实际背景，本课题拟从披露动机和经济后果两个视角对上市公司披露的前瞻性非财务信息质量进行全面研究和评价。

上述问题的研究具有以下几点现实意义：

（1）从政府的角度，近年来一系列的政策变化表明前瞻性非财务信息有由自愿披露向强制披露转变的趋势。然而这种转变是否一定能达到保护投资者利益、提高资本市场资源配置效率的初衷和实际的经济后果尚未可知。本课题的研究则可以为评价相关政策的实施效果提供重要的参考价值，并且也有助于政府更有效地监管上市公司非财务信息质量，对制定与完善相应的信息披露准则和指引具有一定的理论借鉴意义。

（2）从投资者角度：本书的研究有助于提高投资者辨别上市公司前瞻性非财务信息披露质量的能力，从而提高投资决策的准确性，进而更好地保护投资者利益，维护资本市场健康、稳定、持久发展。

（3）从公司角度：本书的研究有助于优质公司制定正确的信息披露策略，通过信息披露真正实现同其他“劣质公司”的分离，从而达到披露预期的目的。

1.2 研究创新

本书的创新主要包括以下几点：

一是鉴于我国前瞻性非财务信息理论研究远远滞后于实践，本书全面、系统地研究了我国上市公司前瞻性非财务信息的披露质量，既丰富了信息披露方面的学术文献，同时也为相关政府部门制定非财务信息披露准则或指引提供一定的理论借鉴价值。

二是在披露的动机部分，与以往研究文献多从资本市场交易动机探讨优质公司是否披露更多信息的国内文献不同，本书认为我国的资本市场发展尚不成熟、市场交易更加依赖于关系，所以资本市场动机假说在解释非财务信息披露方面存在一些局限，应该考虑选择其他的理论如专有成本动机假说作为相应的理论基础，并提供相应的大样本的经验证据。更重要的是，本书还以上海社保基金腐败案作为外生实验，构建了 DID 模型，可以在很大程度上解决内生性问题。

三是在披露的经济后果部分，与以往文献不同的是，本书从上市公司自愿披露的前瞻性非财务信息视角研究了其是否影响企业投资效率，将财务信息对企业投资效率影响的研究拓展到非财务信息层面，进一步验证了非财务信息影响公司投资效率可能的内在机制和发展趋势，并结合中国资本市场环境进一步探讨了非财务信息对公司投资效率的影响是否随着内部公司治理、外部市场监管（从深交所信息披露考评的视角）等因素的变化而有所不同，即是否具有“状态依存性”，并提供了相应的经验证据，从而为这方面的研究作出了重要贡献。此外，本书也详细考察了风险性信息是否提高了股票定价准确性。与郝项超和苏之翔（2014）、姚颐和赵梅（2016）关注 IPO 阶段公司不同的是，本书所研究的对象主要是一般上市公司，鉴于两者的市场表现及披露准则方面存在巨大差异，我们的研究可以拓展并丰富信息披露方面的文献；与王雄元等（2017，2018）从财务分析师、权益融资成本角度研究风险信息的经济后果不同，本书主要借鉴 Collins 等（1994）、Lundholm 和 Myers（2002）的模型研究风险信息能否增强股价反映未来盈余的能力。这一新的视角可以更加直接地阐述风险信息与股票定价之间的关系。

第2章　国内外文献综述

2.1　国外文献综述

根据早期的信息披露文献如Grossman（1981）、Milgrom（1981），为了在资本市场上展示良好的形象，缓解逆向选择，降低融资成本，提高公司股价，避免“次品车”市场条件下的“价值折价”，公司管理者有动机披露包括非财务信息在内所有私有信息，并以此为基础形成了信息披露的资本市场交易动机假说。然而，强制披露规则的存在证明他们的理论结果并不符合实际情况，因此Grossman和Milgrom也就提出了为什么公司没有披露所有相关信息的疑问。随后的学者分别从不同角度对此进行了解答，其中关注较多的是专有成本动机假说。根据这种假说，自愿披露包括披露非财务信息都是存在成本的。这种成本既包括为了整理、搜集、发布相关信息的直接成本，也包括由于被竞争者掌握公司经营、发展前景等信息而引发的专有成本。正是由于披露成本的存在，公司管理者在披露有关信息时必须进行成本和收益权衡分析以确定最优的披露策略。只有当披露收益大于成本时，私有信息才可能会被公开披露（Jovanovic，1982；Verrecchia，1983；Dye，1986；Lanen and Verrecchia 1987；Darrough and Stoughton 1990；Feltham and Xie，1992）。也有学者认为即使不披露信息也可能带来成本。Verrecchia（2001）对此进行详细的数学模型推导。基本逻辑是：不披露本身也是一种信号。以古诺的双寡头模型为例，假设一方拥有未来行业的需求总额，如果其不披露类似的信息，那么另外不掌握这些私有信息的一方就可能会推断其故意隐瞒了未来行业需求旺盛的好消息。当然，由于不披露所导致的成本取决于竞争者如何解读这种信号。Wagenhofer（1990）研究发现，即使存在专有成本的情况下，完全披露也会成为一个战略均衡。Fischer 和 Verrecchia（2004）进一步修订了 Verrecchia（2001）的模型。他们认为拥有未来行业需求信息优势的一方是否会完全披露私有信息与预期需求具有密切联系。如果未来行业的实际需求和预期值差别非常大，比如远远高于预期值或远远低于预期值，那么拥有信息优势的一方可能不会完全披露私有信息，而竞争者在预测未来需求时可能就存在较大的预测误差。

虽然在理论上对专有成本如何影响企业的自愿披露行为已经取得了丰硕的研究成果，但目前尚缺乏直接的经验证据来支持这种假说（Beyer et al.，2010；Berger，2011）。导致这一现象的一个重要原因在于我们很难直接衡量专有成本，只能通过一些间接的方式寻找经验证据。一些学者尝试基于市场竞争的角度寻找支持专有成本动机的证据，却得出了不一致甚至是相互矛盾的结论。既有学者发现市场竞争与自愿披露显著正相关（Verrecchia and Weber，2006），也有学者认为专有成本在低竞争的行业更高（Botosan and Stanford，2005）。因此，一些学者对于采用市场竞争作为专有成本替代变量的做法提出了质疑。Ali 等（2009）认为以往的大多数研究都是从 Compustat 数据库选取的数据并以此来计算市场集中度（用来衡量市场竞争），但是 Compustat 数据库仅仅包括上市公司，忽略了非上市公司，以此计算得到市场竞争程度必然存在较大的偏差。Karuna（2007）则认为，以往计算市场竞争都是从市场集中度的单一维度，但是其他因素如产品的可替代性、市场规模、进入成本等也会影响市场竞争；Karuna（2010）通过多维角度计算市场竞争后发现，其对于公司自愿披露的研发、员工、订单等非财务信息的影响并非线性。此外，Berger 和 Hann（2007）认为产品市场竞争程度不仅与专有成本具有密切联系，同时也与代理成本具有高度相关性，所以，即使以前学者发现产品市场竞争的确会影响公司管理者的自愿披露行为，也很难说这一定是由于专有成本所导致的。因此，Beyer 等（2010）建议今后对于专有成本动机假说的实证不应该仅仅局限于市场竞争视角，应该考虑从其他方面提供经验证据会更有意义。

此外，还有一些学者从其他角度对上市公司管理者为何没有充分披露所有私有信息进行了研究。比如 Dye（1985）、Jung 和 Kwon（1988）、Penno（1997）等认为，现实中管理层没有披露一些与投资者决策非常相关的信息可能有两个方面的原因：一是管理者没有任何私有信息，所以无法披露。比如对于未来国家行业政策是否发生重大改变的非财务信息，管理者可能也并不清楚未来政策究竟如何变化，所以很难公开披露类似信息。二是管理者故意隐瞒了那些坏消息或者不是足够好的消息。由于外部投资者很难区分上市公司的低披露政策究竟是何种因素导致的，所以，一些公司管理者可能借此隐瞒一些消息，进行选择性的部分披露来混同于那些没有私有信息的公司。

然而，上述文献都假定上市公司自愿披露的质量较高，披露的信息都是真实可靠的，但是与财务信息相比，上市公司自愿披露的非财务信息很难被立即证实或者审计（Athanasakou and Hussainey，2010），可鉴证性较差，其是否能够为投资者决策提供有用的信息存在一定争议。目前基于英美等西方成熟市场国家的研究表明公司管理者的自愿披露动机存在两种截然不同的观点，即披露动机的信息观（Informativeness Perspective）和机会主义观（Opportunistic Perspective）。一些学者认为公司管理者为了降低融资成本、提高公司股价，有动力去披露高质量的信息以实现同其他公司相分离，这种观点即是披露动机的信息观。Grossman（1981）、Milgrom（1981）、Glosten 和 Milgrom（1985）等通过大量的数理模型分别从不同角度对此进行了详细的理论推导。

Crawford 和 Sobel（1982）、Stocken（2000）等则从另外一个角度对信息观进行了理论分析。他们认为，如果披露低质量的信息没有任何成本的话，那么所有的公司管理者可能为了提高股价都会披露一些夸张、过度乐观的信息，最后可能达到一种“胡说均衡”（Babbling Equilibrium）。实践中之所以没有出现这种现象在于披露低质量的信息也是存在成本的，即公开披露扩张、乐观的信息虽然可以迷惑投资者，同样也会被现有及潜在的竞争者观测到，那么如果这些竞争者也信任低质量的信息的话，潜在竞争者就可能进入这个行业形成直接竞争，从而分享行业的整体收益，而已有竞争者就可能扩大生产规模，导致行业整体产能过剩，从而降低产品利润，最终损害公司本身的盈利。而这种成本可以在很大程度上限制公司过度扩张地披露私有信息，从而提高披露信息质量。

实证研究方面，大量基于英美等成熟国家的经验证据表明上市公司的自愿披露行为可以提高信息透明度，缓解信息不对称。Amihud 和 Mendelson（1989）发现公司披露更多的信息可以降低叫卖价差；Welker（1995）采用美国投资管理与研究协会（Association for Investment Management and Research，AIMR）的披露等级来衡量自愿披露，在控制了股票回报的变动性、交易数量等因素后，发现 AIMR 披露等级与叫卖价差之间具有显著的负相关关系。Healy 等（1999）从时间序列角度、Botosan 和 Harris（2000）使用财务分析师共识（Analyst' Consensus）作为信息不对称的替代变量，都发现了上市公司的自愿披露行为可以缓解信息不对称，为外部投资者决策提供有用的信息，支持了披露动机的信息观。具体到上市公司自愿披露的非财务信息，Amir 和 Lev（1996）首次对这一问题进行了实证检验。他们以 1984—2003 年的美国无线通信行业的季度数据为研究样本，发现在技术密集型行业，市场占有率与市场渗透率等非财务指标对于股票回报率具有较强的解释能力，而单纯的财务指标（如盈余、账面价值和现金流）与公司价值并不具有显著的相关性，但是当公司同时披露非财务信息时，财务指标的解释能力显著提升，所以他们认为非财务信息对于财务信息起到了很好的补充作用。然而，Simpson（2010）同样以美国无线通信行业为样本，发现财务分析师只对那些持续披露非财务信息的公司具有较强的关注度，所以他建议公司对于非财务信息应该有稳定的披露政策，否则很难为投资者决策提供有用的信息。此外，还有一些学者关注了自愿披露有关环境方面的非财务信息是否可以向投资者传递有用的信息。Cormier 和 Magnan（2003）的实证结果表明环境信息披露与公司未来绩效和市场表现具有显著的正相关关系。Aerts 等（2008）则发现欧洲和北美的公司披露的环境信息可以降低分析师的预测误差。Dhaliwal 等（2011）则研究了上市公司自愿披露的有关社会责任报告的非财务信息是否可以缓解信息不对称，进而降低融资成本。他们从企业社会责任新闻专线（Corporate Social

Responsibility Newswire）、公司注册网站（CorporateRegister. com）、互联网搜索公司网站等四个途径搜集了1993年至2007年213家（在此期间内总共有294家公司披露过社会责任报告，但由于数据缺失，他们又剔除了81家公司）单独披露过社会责任报告的美国公司，发现公司管理者自愿披露社会责任报告可以为外部投资者提供价值相关信息，从而缓解信息不对称，降低融资成本。Dhaliwal等（2012）进一步将样本扩展到31个国家，分析了披露社会责任报告对财务分析师预测偏差的影响。他们发现管理者披露社会责任报告可以降低财务分析师的预测偏差，并且社会责任报告的作用在利益相关者导向（Stakeholder Orientation，通过雇佣法、社会保障法、人权法等计算得出的国家层面指数）和透明度较低（用Center for International Financial Analysis and Research，CIFAR得分作为替代变量）的国家更加显著。与上述研究不同的是，非财务信息不仅可以向外部投资者传递与价值相关的有用信息，从而有助于投资者进行决策，消除逆向选择，Brazel等（2009）还发现外部审计师可以利用非财务信息，比如零售店的数量、仓库容积或员工调查等，来发现财务舞弊，从而提高审计质量。

此外，还有一些学者的经验证据表明未来发展前景信息有助于改善资本市场环境，缓解信息不对称。如Bryan（1997）采用250家美国公司为样本，发现在管理层讨论与分析（MD&A）中披露的有关经营及未来资本支出计划的信息可以帮助投资者更准确地预测未来短期业绩，但这些信息对于预测未来长期业绩并不具有显著性。在英国，Schleicher和Walker（1999）发现上市公司披露的未来发展前景信息可以显著准确预测未来公司的股价；Hussainey等（2003）的实证结果表明在年报中披露的未来发展前景信息有助于市场准确预测公司未来的盈余。Barron等（1999）则重点研究了美国上市公司在MD&A中披露的前瞻性财务信息是否可以显著降低财务分析师盈余预测偏差，其实证结果表明未来资本支出和经营信息有助于财务分析师更好地预测企业的未来营利能力。Vanstraelen等（2003）将样本拓展到欧洲，他们选择了德国、比利时、荷兰的上市公司，发现在年报中披露的有关未来发展前景的非财务信息对于财务分析师同样具有重要的作用，但是有关历史经营情况的非财务信息与财务分析师预测的误差并不存在显著的相关关系。Bozzolan等

(2009) 选择了德国、法国和瑞士等国家在美国上市的公司为研究样本，进一步研究发现，与那些难以被验证的前瞻性信息相比，可以被验证的信息更能够提高财务分析师预测的准确性。由于未来发展前景的信息手工搜集时工作量较大，这在一定程度上限制了样本容量，而较小的样本则可能存在严重的抽样误差。Muslu 等（2014）使用计算机技术大幅度地提升了工作效率，总共选择了 1994 年至 2007 年的 34655 个样本进行了实证检验，其描述性统计结果表明美国上市公司 MD&A 中有关未来发展前景的句子数目平均仅为 35 句（MD&A 的句子数目平均为 275 句，年报总句子数目为 1558 句），进一步的回归分析结果表明，未来发展前景信息可以提高信息环境，但并不能完全消除信息不对称，并且发挥缓解信息不对称作用的主要是有关未来经营方面的非财务信息，而未来的融资信息及前瞻性财务信息并没有提高信息环境的作用，他们的实证结果在一定程度上支持了披露信息观。正是在这种观点的引导下，大量文献并未严格区分自愿披露的非财务信息数量与质量之间的关系，并且由于其质量具有内在的不可测量性，因此在很多情况下数量往往被作为质量的替代变量（Core，2001）。

然而，还有一些学者认为自愿披露的信息不一定具有信息含量，甚至公司管理者为了追求控制权、私有收益而故意披露虚假的信息，即披露动机的机会主义观，也有学者将这种观点称为印象管理观①（Merkl-Davies and Brennan，2007）。Lang 和 Lundholm（2000）选择 41 家进行股权再融资的公司并进行了配对后发现，在总共 6210 份公告中，乐观消息的数量是 2829 个，所占比例高达 45.56%；而悲观消息的数量仅为 1066 个，所占比例仅为 17.17%，并且在与新产品、合同等相关的非财务信息（乐观消息为 382 个，悲观消息为 144 个），与未来短期盈余预测相关的非财务信息（乐观消息为 99 个，悲观消息为 14 个），管理层对盈余信息的重点强调（Managerial Emphasis，乐观消息为 527 个，悲观

---

① 印象管理是指一个人通过一定的方式影响别人形成对自己的印象的过程。它是自我调节的一个重要方面，也包括与他人的社会互动，是自我认知观点的核心和人类的一种基本动机：不论个体在组织内部还是组织外部都渴望被别人积极看待，避免被别人消极看待。试图使别人积极看待自己的努力叫获得性印象管理，而尽可能弱化自己的不足或避免使别人消极地看待自己的防御性措施是保护性印象管理。

消息为30个）等方面，乐观消息的数量同样远远高于悲观消息。他们进一步发现在股权再融资之前的一个会计年度内，乐观消息显著增长，而悲观消息则显著降低，当股权再融资之后，正好相反，悲观消息显著增长，乐观消息则持续下降。最后他们还发现那些在股权再融资6个月之前增加自愿披露的公司在发行股票之后，股价有了大幅度下跌，并且与那些一直保持稳定自愿披露频率的公司相比，这类公司也可以降低融资成本，但降低程度并不存在显著差别，说明投资者对于质量不同的自愿披露信息给予了相同的信任程度，因此他们的实证结果表明管理层的确会故意增加自愿披露频率来误导投资者，从而达到提高股票价格、降低股权融资成本的目的。

Christine（2000）在肯定了Lang和Lundholm（2000）的贡献后，也提出了自己的一些意见：一是Lang和Lundholm（2000）提供的经验证据并不是很直接，他们将自愿披露频率作为披露质量的替代变量并不完全合适，可能会降低实证检验的效度。更适合的办法是应该从事后的经济后果来判断披露质量，比如对于盈余公告可以选择随后的盈余管理，盈余预测可以选择随后的预测误差。二是作者虽然选择股权再融资前后各18个月的数据，但是在实证检验中却仅仅分析了股权再融资前后各6个月的数据，所以如果能延长时间窗口，可能会得到更加有趣和稳健的结论，并且作者主要分析的是乐观消息的变动频率，对股权再融资之后那些股价发生降低公司悲观消息的变动频率没有做详细的分析。此外，Christine（2000）还在假设推导与实证检验并不完全符合、内生性、资本市场有效性等方面指出了Lang和Lundholm（2000）仍然需要进一步改进的地方。Lang和Lundholm（2000）的研究无疑为我们更加深刻理解自愿披露的负向经济后果提供了重要借鉴意义，但其回归样本量偏低，这可能影响其估计效度，所以低样本量究竟有多大程度的代表性是存在疑问的。秉承Christine（2000）的思路，Jo和Kim（2007）实证检验了自愿披露频率与盈余管理之间的关系，他们选取了1990年至1997年共计1413家发生股权再融资行为的公司为样本，通过回归分析发现自愿披露频率越高的公司，信息不对称越低，盈余管理程度也越低；但是对于那些在股权再融资之前突然提高自愿披露频率，而在之后自愿披露大幅降低的公司，管理者操纵盈余的现象比较严重。同时他们还发现提高自愿披露频率可以提高盈余透明度，使得公司股价更加合理，进而提高了发行之后的公司收益，但是那些自愿披露频率政策发生改变的公司，由于其夸大（Hype）了股票价格，所以其随后的收益出现了下滑。Jo 和 Kim（2007）的研究通过选择较大样本，在很大程度上克服了 Lang 和 Lundholm（2000）小样本量的缺陷，降低了抽样误差，提高了估计效度，得到了更加可靠的实证结果。

与以往研究不同的是，Li（2008）从可读性视角研究了自愿披露的动机及经济后果。他采用了两种方法来衡量披露信息的可读性：一是借鉴计算机语言学的相关文献构建了迷雾指数（Fog Index），主要是通过一个句子中有多少单词和一个单词中有多少音节（Syllables）来判断，句子中含有的单词量越多，单词中含有的音节越多，使用者可能就越难准确理解信息背后真正的经济含义；二是年报的长度，年报越长，使用者就需要花费更多的时间去寻找和阅读有用的信息，所以可读性也就越差。他通过对 1993 年至 2003 年总共 55719 个研究样本进行实证检验，发现业绩越差的公司，年报可读性越低，并且年报可读性较低的公司随后的盈余持续性也比较低。虽然 Skinner（1994，1997）等发现为了避免法律诉讼，管理者有动力提前披露坏消息，但是 Kothari 等（2009）则认为管理者同样有动机去推迟或隐瞒坏消息的披露，比如基于职业生涯的考虑，管理者可能会寄希望于将来公司有好消息来掩盖（Bury）现在的坏消息，并且披露坏消息所导致的股价下跌也可能影响管理者的股权薪酬，随后他们通过回归分析证实了这一预测。与 Kothari 等（2009）的结论相一致的是，Graham 等（2005）通过调查发现，一些公司的首席财务官（CFO）宣称如果在法律要求必须披露信息之前公司的经营情况有所好转的话，他们是绝对不会主动提前披露坏消息的。更严重的是，非财务信息具有很强的信息弹性，即使公司管理者故意披露了低质量的信息，也可以通过自己的信息优势作出合理化的免责解释，比如管理者可能会夸张披露某投资项目的收益前景以更低的成本获取更多的外部融资，但是一旦当项目投资失败或未达到预期收益目标时，管理者就可以把原因归咎于一些不可抗力或未预期因素。

正因如此，一些学者对于将自愿披露数量与质量不加区分混合使用的做法提出了强烈质疑，Beattie 等（2004）认为虽然自愿披露的数量会影响质量，但是评价其质量绝对不能仅依靠数量，因此对于质量的评价还需要更加有效的方法（Core，2001）。Merkl-Davies 和 Brennan（2007）对非财务信息披露的机会主义观（印象管理观）和信息观进行了梳理，并对这两种截然不同的观点所适用的理论、经济后果等进行了总结（见表 2-1）。

表 2-1　非财务信息披露机会主义观与信息观比较

分类	机会主义观（印象管理观）	信息观
研究地区	主要是非美国市场	美国市场
市场有效性	弱	强
理论基础	信息供给者（主要是管理者）：代理理论 信息使用者（主要是外部投资者）：行为金融理论	信息供给者：代理理论 信息使用者：预期效用理论
对于自愿披露政策的解释	印象管理	提供价值相关的增量信息
管理者动机	披露有偏的信息来提高股价（主要是短期），增加股权薪酬	披露无偏的信息来提高声誉、降低融资成本和增加股权薪酬
经济后果	短期内造成资本市场资源配置扭曲	提高资本市场资源配置效率
市场参与者行为	信息供给者：理性 信息使用者：非理性	信息供给者：理性 信息使用者：理性

资料来源：Merkl-Davies D. M.，N. M. Brennan. Discretionary Disclosure Strategies in Corporate Narratives：Incremental Information or Impression Management？［J］Journal of Accounting Literature，2007（26）：116-194.

Arthur Andersen（2000）对英国 100 家上市公司的调查数据显示，非财务信息在年报中所占比例由 1996 年的 45%增长到 2000 年的 57%，这一方面为管理者提供了描述和解释现在经营业绩及未来发展前景的契机，使之可以在克服信息不对称、为投资者提供更相关的决策有用信息方面发挥更大作用；但是另一方面非财务信息难以立即被证实和审计的特点，也为管理者操纵信息披露提供了机会，这可能会在很大程度上损害非财务信息的有用性。总体而言，虽然在英美等国上市公司自愿披露的非财务信息是否一定能够缓解信息不对称，从而有助于维护资本市场的健康稳定运行及保护利益相关者的权益还存在争议，但不可否认的是其资本市场发展比较成熟，法律体系和监管体制较为完善，市场中介机构如财务分析师等比较发达，可以在相当大程度上提升自愿披露质量，所以即使受到了一些质疑，非财务信息有用性的观点仍旧占据上风①。正因如此，鼓励公司披露更多的非财务信息成为理论界和实务界的共识，比如对于预测未来发展前景的非财务信息最初被认为是“本质上是不可信赖的”而被SEC（美国证监会）所禁止披露，但随后通过制定、修订“安全港制度”、私人证券诉讼改革法案（PSLRA），SEC不但鼓励公司披露类似的信息，还为可能出现的预测偏差提供了免责的保护制度。财务报告特别委员会（Jenkins Committee）、加拿大特许会计师协会（Canadian Institute of Chartered Accountants）、英格兰和威尔士特许会计师协会（Institute of Chartered Accountants of England and Wales）分别在1994年、2002年、2003年鼓励上市公司在财务报告中披露更多前瞻性信息以满足投资者的需求。

正是由于公司管理者故意隐瞒一些对于增加社会整体福利、有助于维护资本市场健康运行和保护利益相关者权益的私有信息，一些学者建议应该强制公司披露一些重要的非财务信息。然而，强制披露也受到了很多学者的质疑：

一是制定强制披露准则的机构会受到政治压力而使得准则偏离最优，从而成为维护某些团体利益的工具（Watts and Zimmerman，1978；Ramanna，2008；Ramanna and Watts，2009）。Ramanna（2008）通过实证研究发现FASB在第142号准则公告中允许使用不可鉴证公允价值（Unverifiable Fair-Value）来估计商誉就是受到了政治压力的影响。他还进一步发现那些反对废除权益结合法（Pooling Accounting）的国会议员收到了那些同样反对废除此种会计方法公司的大量政治献金。

二是即使制定信息披露准则的机构是独立、公正的，但强制披露也未必

---

① 根据Merkl-Davies和Brennan（2007）的统计，截至2006年底，以美国资本市场为研究背景的非财务信息披露论文中，只有8篇文献考虑到披露的机会主义观，其余的研究都是基于披露的信息观。这8篇论文的作者依次是Lang和Lundholm（2000）、Frederickson和Miller（2004）、Barton和Mercer（2005）、Bowen等（2005）、Johnson和Schwartz（2005）、Krische（2005）、Elliott（2006）、Matsumoto等（2006）。

是符合成本效益原则的，也不一定能够提高社会的整体福利。首先，制定和要求公司遵守信息披露准则需要大量成本，既包括为制定和监督公司实施准则的直接成本，也包括降低管理者披露灵活性所带来的间接成本。比如优质的公司可以通过信号传递作用来披露大量信息以实现同劣质公司分离的目的，但是如果实施强制披露准则就会降低管理者潜在传递信号的机会（Scott，2008）。其次，由于信息不对称，信息披露准则制定机构并不能准确掌握社会最需要什么类型的信息和所需信息的最优数量，从而很可能制定出“错误”的披露准则。最后，信息披露准则制定机构可能很难考虑到所有利益相关者的权益。比如已经购买股票的投资者可能不希望公司披露太多的竞争性敏感信息而损害公司的竞争性，进而影响股价和公司价值，但是潜在的投资者则希望公司能够披露更多的信息为准确投资提供信息支持。而类似矛盾同样存在于投资者、员工、债权人，以及社区和政府等利益相关者之间（Beyer et al.，2010）。

综上所述，很多学者认为制定最优的强制披露准则是一件非常困难的事情（Skinner，2008；Simpson，2010；Beyer et al.，2010），FASB 也承认强制要求公司披露大量的非财务信息对于投资者而言并非最好的服务（FASB，2001）。因此，美国等西方发达国家对于非财务信息披露仍旧以自愿披露为主，但为了增加可比性、可阅读性，以及更好地指导公司的披露行为，相关机构和政府部门制定了非财务信息自愿披露指引。

2.2 国内文献综述

目前，国内学者对于非财务信息披露主要关注三个方面：一是社会责任与环境信息披露；二是内部控制信息披露；三是管理层讨论与分析。

2.2.1 社会责任与环境信息披露

这方面的研究大体可以分为两个方面。

（1）披露动机。

在我国环境问题日益严峻的形势下，环境信息披露逐渐成为近几年国内学者的研究热点。沈红涛（2007）研究了石化塑胶行业公司自愿披露社会责任的影响因素，发现规模、盈利、上市地点、披露环境都会显著影响社会责任信息披露，但财务杠杆和再融资需求影响比较微弱。沈洪涛和冯杰（2012）、毕茜等（2012）发现舆论监督、政府监管，以及环境信息披露法律法规的颁布与实施可以有效提高企业的环境信息披露水平。吴红军（2014）则发现环境信息披露动机具有复杂性，具体表现为：环境绩效好的企业较多地披露内容具体和可验证性强的环境信息，从而可以降低权益融资成本，但环境绩效差的企业较多地披露空泛的信息，印象管理现象较为严重。宋林等（2012）以合法性理论为基础，发现公司规模和媒体曝光度的提高使得社会责任信息披露显著增加。沈洪涛和苏亮德（2012）同样发现企业环境信息披露存在同形性和模仿行为。

（2）披露的经济后果。

社会责任报告披露能否缓解公司管理者与外部利益相关者之间的信息不对称，目前还存在很大争议。有些学者认为披露社会责任信息可以提高财务绩效、获得较高的市场评价、增强盈余的信息含量、缓解融资约束（方苑，2008；朱松，2011；何贤杰等，2012）。然而，也有学者对社会责任信息披露的有效性提出了质疑。比如宋献中和龚明晓（2006，2007）分别采用调查问卷法和内容分析法，均发现社会责任信息整体质量水平不高、决策价值和公共关系价值有限。权小锋等（2015）的实证结果表明，企业社会责任与股价崩盘风险之间呈显著正向关系，表明中国上市公司推行社会责任的同时加剧了股价的崩盘风险，存在“社会责任的崩盘效应”。由于我国对某些上市公司强制要求披露社会责任报告，而有些则属于自愿披露。陈国辉等（2018）发现两种披露模式对盈余管理的影响存在显著差异：强制披露方式下社会责任对真实盈余管理抑制作用明显，自愿披露方式下对三种盈余管理方式均有显著抑制作用。与以往研究不同的是，张继勋等（2016）采用实验的方法发现社会责任负面信息披露形式和解释语言的积极性会对投资者判断产生重要影响。张超和刘星（2015）发现，上市公司在披露内部控制缺陷信息前一期存在过度投资行为，而披露后一期的过度投资倾向有所减弱；对于审计监督较弱、披露充分性较低的上市公司，内部控制缺陷信息披露对过度投资与投资不足均产生了显著影响。陈武朝等（2017）则从分析师视角研究了内部控制缺陷披露的经济后果。发现了分析师倾向于跟踪财务报告内部控制质量高的上市公司；财务报告内部控制存在重大缺陷时，分析师的预测错误更大，预测偏差更大。

2.2.2 内部控制信息披露

自21世纪初“安然”等一系列财务舞弊事件后，内部控制的作用显得越来越重要，《萨班斯法案》中明确规定上市公司必须强制披露内部控制信息。自此，有关内部控制信息披露的文献越来越见诸众多国内外权威期刊。方红星等（2009）、林斌和饶静（2009）、佟岩等（2012）分别从不同角度研究公司披露内部控制信息的动机，大多证明了信号传递理论。田高良等（2010）、刘焱和姚海鑫（2014）等又进一步研究了内部控制缺陷披露的影响因素。经济后果方面，卢锐等（2011）、方红星和金玉娜（2013）发现内部控制信息可以提高管理层薪酬业绩的敏感度、抑制操作性非效率投资和可操控性应计，以及真实活动盈余管理，但也有学者如田高良等（2011）发现，只有披露高质量审计师签署的内部控制鉴证报告才能提高盈余质量。

2.2.3 管理层讨论与分析

除此之外，还有学者研究了“管理层讨论与分析”整体的信息披露问题。比如李锋森和李常青（2008）随机抽取了400家上市公司为样本，发现MD&A中披露的非财务信息可以预测企业未来销售收入、每股盈余和经营现金净流量的变化情况，也能引起股票市场的及时反应，但是他们也同时发现有超过一半的公司未披露前瞻性信息，即使披露也是好坏消息分布明显不均匀，好消息数量明显多于坏消息。薛爽等（2010）以2004—2005年亏损上市公司为样本，发现MD&A中的非财务信息有助于投资者预测企业未来的盈利能力。贺建刚等（2013）基于会计重述的视角，发现MD&A披露可以为投资者决策提供有用的信息，并且在一定程度上具有替代审计的信息治理功能。

蒋艳辉等（2014）研究了创业板上市公司的惯性披露问题，其实证结果显示惯性披露与股权资本成本之间存在正相关关系。姚颐和赵梅（2016）以 IPO 公司为研究样本，发现风险信息披露提高了新股定价效率，抑制了 IPO 抑价。进一步地，她们发现招股书中的风险披露越多，上市后业绩表现越差。主要原因在于高业绩公司因为业绩优良而受到监管处罚的压力小，缺乏主动披露意愿，体现了“多一事不如少一事”的处世哲学。王雄元等（2017）通过文本分析法量化年报风险信息披露，发现信息披露频率越高，分析师预测准确度越高。王雄元和高曦（2018）进一步研究发现公司披露的风险越多，市场给予的信任越多，因而要求的风险溢价越小，支持了风险披露的同质观。上述文献中虽然部分学者涉及前瞻性非财务信息，但 MD&A 不仅包含前瞻性非财务信息，还包括其他类型的非财务信息，比如对过去经营情况的回顾总结等，所以，前瞻性非财务信息质量问题仍旧需要做专门且更加深入的探析。

2.3　文献述评

虽然近年来国内学者越来越关注前瞻性非财务信息披露问题，但由于起步较晚，相关研究成果仍不能满足实践的需求。李常青和王毅辉（2008）通过向 195 位基金经理和专业分析师发放调查问卷后发现高达 85.94%的被调查者对前瞻性信息披露不满意或者很不满意。李常青等（2008）继续对前瞻性信息披露的影响因素进行了实证检验，结果表明上市公司管理层主要根据公司的当前业绩和对产品市场竞争的考虑等实际状况，选择一个最有利的前瞻性信息披露政策，资本市场压力并不是其披露政策的主要决定因素。汪炜和袁东任（2014）则发现盈余质量与前瞻性信息披露有正向补充关系，盈余质量好的公司会披露更多的前瞻性信息。

上述文献对于深刻了解我国自愿披露动机具有重要的作用，但是在以下几个方面还需要做进一步深入的探讨：一是大多数文献属于规范的理论分析，实证研究匮乏。比如何卫东（2003）、孟晓俊等（2010）都只是通过对我国特殊制度的分析得到有关结论，但并没有就此提供进一步的经验证据。虽然唐跃军等（2008）实证检验了控股股东的披露动机，认为控股股东提升信息披露只是为了利用披露的信号显示作用，赢取良好的市场声誉以便迷惑外部投资者达到攫取私有收益的目的，但这篇文献只是提供了大股东持股比例对信息披露影响的经验证据，并未直接验证自愿披露机会主义的动机观。正如 Christine（2000）所指出的，从事后的经济后果来判断自愿披露的动机会更加准确、合理。二是缺乏对未来发展前景信息的理论分析与实证检验。如方红星和金玉娜（2011）的研究对象是内部控制鉴证报告，唐跃军等（2008）的研究对象则包括所有的信息披露，而不仅仅限于未来发展前景的非财务信息。有关未来发展前景的信息近年来越来越受到证监会及其他相关机构的重视，积极鼓励上市公司自愿披露更多这方面的信息。因此，研究这方面信息的披露动机及相应的经济后果具有重要的现实意义。

综上所述，如何构建有中国特色的上市公司自愿披露非财务信息的理论体系并提供相应的经验证据，应该是将来学者重点考虑的课题。尤其是近年来为了保护投资者权益、维护资本市场健康稳定发展，我国有关政府机构实施了一系列改革措施，如新《公司法》、新《证券法》、股权分置改革等，那么在我国法律制度、监管体系及内部公司治理不断完善的情况下，上市公司非财务信息披露动机及经济后果是否也相应有所变化呢？并且随着大量虚假陈述案被不断曝光，投资者对于非财务信息的信任程度是否有所变化，是否会寻找一些其他信号机制来辨别非财务信息质量？虽然部分学者已经关注到了这些问题（张学勇和廖理，2010），但至今没有全面、系统的理论分析。本课题拟在先前文献的基础上继续将研究范围从披露动机拓展到经济后果，从数量延伸至语调、可读性等更多披露属性，将信息来源从年报扩展至半年报、季报、临时公告、日常新闻采访、公司网站等更多的公开渠道，并且将从横向和纵向两个维度，全面研究上市公司披露的前瞻性非财务信息质量问题，分析其是否可以为外部投资者或其他利益相关者决策提供有用的信息，从而为我国制定前瞻性非财务信息披露准则和指引、监管披露质量、完善披露制度提供政策借鉴。

第 2 篇

前瞻性非财务信息披露动机

第3章　公司价值与前瞻性非财务信息披露

3.1　公司价值与所有前瞻性非财务信息披露

3.1.1　引言

从近年来我国相关政府机构颁布的法规来看，虽然有关未来发展前景的非财务信息有从自愿披露向强制披露转变的趋势，但就目前而言，我国政府和相关机构更多是对大多数此类信息的披露进行原则上的指导，并没有颁布和实施详细的披露准则或指引，比如证监会只是要求上市公司披露拟开展的新业务、拟开发的新产品、拟投资的新项目等信息，但是更加详细的内容如新产品或新业务的特征、目标市场、对未来业绩影响等仍旧由上市公司管理者自由掌握，所以，大多数此类信息属于自愿披露的范畴，或形式上强制披露但实质上仍属于自愿披露。此类非财务信息能否缓解公司内部管理者与外部投资者之间的信息不对称、提高市场资源配置效率，与信息质量存在密切关系，而信息质量在很大程度上受到披露动机的影响。关于自愿披露动机的研究一直是人们比较关注的热点问题，不同的学者分别从不同的角度进行了探讨，但至今尚未达成一致的观点。Healy 和 Palepu（2001）总结了6种自愿披露动机假说：资本市场交易、公司控制权争夺、股票补偿、诉讼成本、管理者能力信号和专有成本。根据不同的动机假说，公司价值对于前瞻性非财务信息自愿披露的影响也不尽相同。比如在资本市场交易和股票补偿动机的假说下，为了降低融资成本、提高股票的流动性，公司价值越高，自愿披露越多；在公司控制权争夺的假说下，对于较差股价表现和业绩不好的公司，管理者为避免被替换，倾向于将自愿披露作为一种自辩机制而披露更多的信息；在专用成本的假说下，公司是否披露更多的信息需要在收益与专有成本之间做出权衡。理论上的分歧又造成了实证结果的差异，甚至互相矛盾。因此人们对于公司价值与自愿披露二者之间关系的认识还是模糊不清的，甚至存在一定的局限性（Miller，2002）。

国内学者对于两者之间的关系也做了大量卓有成效的工作，但更多还是在资本市场交易动机假说的框架下进行研究的，普遍认为公司价值越高、业绩越好的企业，为了在资本市场上展示良好的形象，避免“次品车”市场条件下的“价值折价”，往往倾向于披露更多的信息（乔旭东，2003；张宗新等，2005；谢志华、崔学刚，2005；封思贤，2005；巫升柱，2007）。然而资本市场交易动机成立的一个基本前提应该是资本市场发展比较成熟，但在我国新兴市场的特殊制度背景下，一方面法律不健全，监管效率较低。通过虚假陈述①的方式，低价值公司同样可以选择高披露战略来误导投资者，赢取市场的正面形象，从而打击了高价值公司自愿披露的积极性。另一方面与欧美成熟的市场契约经济相比，我国的市场交易更多依赖于关系经济（卢现祥，2003），关系资源所占比例较高，并且这种关系资源很难通过自愿披露的方式在公开的资本市场上获得，从而抑制了高价值公司自愿披露的内在驱动力。综上考虑，仅仅以资本市场交易动机为基础理论而忽略其他披露动机来研究公司价值与自愿披露之间的关系是欠妥当的。因此，也就有必要对以下两个问题做更加深入的研究探讨：①何种动机影响了不同价值类型的公司选择不同的披露政策；②受到我国市场化进程发展不平衡的影响，在不同的市场化环境下，上述动机及其影响是否会发生一定的变化。

3.1.2 文献综述、理论分析与研究假设

3.1.2.1 文献综述

最初研究自愿披露动机的文献，如 Grossman（1981）、Milgrom（1981）

① 根据证监会的规定，虚假陈述主要包括四种类型：虚假记载、误导性陈述、重大遗漏、不当披露。

等都是以逆向选择为基础的，充分披露成为设定模型的战略均衡，这些文献构成了资本市场交易动机假说初期的理论模型。但强制披露规则的存在证明他们的理论结果并不符合实际情况，因此 Grossman 和 Milgrom 也就提出了为什么公司没有披露所有相关信息的疑问。随后的学者分别从三个方面对这个问题作出了解释：一是自愿披露是存在成本的，管理者需要在成本与收益之间进行权衡（Jovanovic，1982；Verrecchia，1983，1990；Dye，1986；Wagenhofer，1990）。这些既包括生产和发布信息的直接成本，也包含专有成本等间接成本。Wagenhofer 分析了专有成本对于自愿披露的影响。他认为在一个竞争行业中，公司披露信息一方面有利于市场对其价值进行准确评估，但另一方面也有利于竞争者掌握公司的信息从而采取不利于本企业的行为，这种间接成本①就属于专有成本。Berger 和 Hann（2007）发现当专有成本比较高的时候，公司会隐藏一些好消息。二是信息分布的不确定性。公司未充分披露信息既可能是由于公司没有任何私有信息，也有可能是因为披露信息的成本低于收益，但是外部投资者很难分辨这两类行为，因此拥有不利消息的公司可能不会充分披露以混同于充分披露的公司（Dye，1985；Jung and Kwon，1988；Penno，1997；Pae，2002）。三是投资者对披露信息反应的不确定性。由于投资者在已掌握信息、知识结构和认知能力上存在巨大差异，因此不同的投资者面对同样信息的反应并不完全一致，这也会限制管理者进行充分披露。Dutta 和 Trueman（2002）的研究成果表明，对未来市场需求看好的投资者将会把公司提高投资水平的行为看作好消息，而对未来市场需求不看好的投资者将会把它视为坏消息。

上述三种解释都是假定隐藏信息是不存在成本的。而 Skinner（1994）认为由于法律诉讼的影响，企业有动机事先披露坏消息降低投资者的乐观预期以避免被法律诉讼。但也有一些学者并不赞同 Skinner 的观点，Francis 等（1994）的经验研究表明信息披露并没有阻止法律诉讼。Johnson 等（2001）发现 PSLRA 法案实施之后，坏消息的披露数目反而较

① 根据 AICPA（1995）和 FASB（2001）发布的研究报告，这种间接成本还包括因为披露不准确造成的诉讼成本，由于向供应商、客户和雇员披露而带来的谈判劣势等。

之前有所增加，但同时他也认同 Healy 和 Palepu（2001）“这个问题还有所争议”的观点。Skinner（1997）则认为 Francis 等可能忽略了内生性的影响。Field 等（2005）采用联立方程的方法控制了内生性的问题后，支持了 Skinner 的结论。

大量学者也分别从不同角度检验了公司业绩和自愿披露之间的关系，但实证结果却并不一致甚至是互相矛盾的。一部分学者的研究表明，随着公司业绩的提高，自愿披露也随之增加（Bowman，1975；Forker，1992；Watts，1992；Lang and Lundholm，1993；Miller，2002），但也有一部分学者的研究结论并未发现公司业绩对自愿披露具有显著影响（McNally，1982；Cowen，1987）。Kasznik 和 Lev（1995）发现季度业绩有显著增长的公司在季报公布之前的 60 天之内并未披露较多的信息，但是有增发趋向的公司披露的信息相对较多（Clarkson，Kao and Richardson，1994）。

国内学者对此问题在理论上的研究主要偏重于资本市场交易的动机，认为公司价值越高、业绩越好，为了在资本市场上展示良好的形象，避免“次品车”市场条件下的“价值折价”，往往倾向于披露更多的信息（乔旭东，2003；张宗新等，2005；谢志华、崔学刚，2005；封思贤，2005；巫升柱，2007）。但在具体的实证结果上则存在较大差异甚至完全相反。如乔旭东（2003）、张宗新等（2005）、封思贤（2005）等发现公司业绩与自愿披露显著正相关，而巫升柱（2007）未发现两者之间具有显著的相关关系，谢志华和崔学刚（2005）则发现 ROE 与自愿披露显著负相关①。上述文献虽然对于我们理解这方面的研究起到较大作用，但仍存在三点不足：①偏重于资本市场交易动机假说的研究，忽略了其他动机的影响；②大多照搬国外的模型，关于我国新兴市场的特殊制度环境对自愿披露动机造成的影响考虑不足；

① 对于为何高盈利的公司反而披露更少的信息，谢志华和崔学刚提出了三种可能的原因：一是市场对公司管理业绩关注不够；二是盈利公司会担心披露过多信息会泄露公司秘密，失去竞争优势；三是业绩较差公司把自愿披露作为自辩机制。但究竟是哪一种原因通过何种途径造成两者显著负相关，作者并未做进一步的分析。

③以上学者采用的样本都比较小①，且多采用截面数据或者混合数据，具有较大的抽样误差，造成估计结果代表性较差和估计效度较低。因此，在我国特殊的制度环境下，自愿披露的主要动机及公司价值与自愿披露之间的关系仍旧是一个有待进一步检验的命题。

3.1.2.2　理论分析与研究假设

根据资本市场交易动机，为了缓解信息不对称，降低融资成本，高价值的公司有动力自愿披露更多的信息，此时自愿披露作为一个有效的甄别信号能够实现两类公司的分离均衡。我国资本市场虽然近年来飞速发展，为有效调配资源、促进国民经济发展作出了巨大贡献，但与西方发达国家近百年的发展历史相比，市场发展还不是很成熟，属于典型的新兴市场，具有以下三个方面的显著特征：一是法律制度尚不健全，积累的监管经验比较有限，难以及时发现各种披露违规行为并给予恰当的惩戒。二是与西方契约经济不同的是新兴市场交易更依赖于关系经济（卢现祥，2003），关系作为一种特殊形式起到良好的替代作用（Bunkanwanicha et al.，2008）。但是这种关系具有专有性和隐蔽性的特点，一旦如实披露容易被竞争者所利用，不利于关系的稳定和长久（卢现祥，2003），并且一些非正常关系也容易引起有关政府部门的注意而招致法律风险②。三是在渐进式转轨经济的过程中，受政策、地理、交通、历史等因素的影响，中国各地区的市场化进程差异明显（夏立军、陈信元，2007），各地区之间发展极不平衡。因此在这种制度背景下，高价值公司是否还会自愿披露更多的信息存在很大疑问。本书拟通过一个简单的数理模型来分析这个问题。

假设市场存在两类上市公司：高价值公司 A，低价值公司 B，自愿披露水

---

①　如乔旭东样本数目是 100 个，谢志华、崔学刚的样本总量是 234 个，巫升柱的样本总量虽然达到了 1185 个，但仅限于 2004 年度。通过后文实证部分可以看到，样本较少所造成的抽样误差是十分显著的。比如，如果样本恰好大多来自市场化进程较高的地区，则很可能实证结果显示两者为正相关；如果样本大多来自市场化进程较低的地区，则很可能得到两者负相关的实证结论；并且如果只采用截面数据或混合数据，一些忽略的公司异质性因素也可能对回归结果造成显著的影响。

②　Leuz 和 Oberholzer-Gee（2006）认为拥有大量政治关系的公司如果采用较高的透明度会暴露一些不合法的政治施舍，因此这类公司不愿意披露更多的信息。

平分别为 q_A 和 q_B，且满足 $1>q_i>0$，$i=A$，B。先前大量研究表明上市公司对于好消息与坏消息的披露存在不对称现象，表现为好消息比坏消息更多和更早披露。虽然 Skinner（1994）的研究表明，为了规避法律风险，管理者也会及时披露更多的坏消息，但我国法律制度和监管体系尚不成熟，管理者未及时披露坏消息的法律风险比较低，因此本书标准化所有自愿披露的信息都为好消息。假定社会资源分为三类：第一类为两类公司已经拥有的资源，比重为 x，其中公司 A 占有 x_A，公司 B 占有 x_B，满足 $x=x_A+x_B$，$1>x>0$，$1>x_i>0$，$i=A$，B；第二类为关系型资源，所占比重为 y，满足 $1>y>0$，这类资源只有通过关系才能获得，比如与政府关系良好易于取得更多的银行贷款、特许经营权、更优惠的税率、直接的政府补贴等；第三类为其他非关系型资源，所占比重为 z，满足 $1>z>0$，这类资源上市公司可以通过自愿披露的方式获得。根据资本市场交易动机，此类资源所占比重越大，高价值公司越有动力披露更多的信息。

先前大量学者的研究表明，在新兴市场环境下，企业价值与关系网络、公司治理显著正相关（Peng and Heath，1996；Black，2001；李汉军、张俊喜，2006；王福胜、刘仕煜，2009）。所以对于高价值公司而言，一方面，其获取关系型资源要多于低价值公司，为了便于分析，本书标准化高价值公司拥有所有的关系型资源 y。同时由于这种关系具有专有性和隐蔽性的特点，因此高价值公司自愿披露更多的信息虽然可以获得更多的第三类资源，但同时如果这种关系容易被竞争者所复制的话，也会丧失一部分关系型资源。另一方面，比较完善的公司治理①可以在很大程度上抑制高价值公司的违规披露行为，因此本书假定高价值公司的自愿披露水平 q_A 都是真实可靠的。低价值公司的自愿披露水平 q_B 分为两部分，一部分是披露的真实信息 q_{B1}，另一部分为披露的虚假信息 q_{B2}，且 $q_B=q_{B1}+q_{B2}$，$q_{B2}<q_A$，即低价值公司实际拥有好消息的数量低于高价值公司。进一步假定 g_i（q_A，q_B），$i=A$，

① 关于公司治理与自愿披露的关系，目前还存在替代和互补两种截然相反的观点。Bens（2002）发现公司治理与自愿披露显著正相关，而 Bushman 等（2004）的研究结论则表明公司治理比较完善的公司，利益冲突和代理问题本身不是很严重，因此会降低对自愿披露的需求。

B为公司通过自愿披露可以获得的第三类资源的比重，当$i=A$时，g_A（q_A，q_B）为q_A的二阶连续可微的凹增函数，为q_B的二阶连续可微的凸减函数，当$i=B$时，相反，且$1\geqslant g(q)\geqslant 0$（$q=q_A$，$q_B$）。假定$g(q_i)=\alpha\frac{q_i}{Q}$，$Q=q_A+q_B$，$\alpha$为调节系数，且$n\geqslant\alpha\geqslant 0$。$m(q)$为高价值公司自愿披露信息而导致的第二类资源的损失比例。$m(q_A)$为q_A的连续可微增函数，且满足$1\geqslant m(q_A)\geqslant 0$。假定$m(q_A)=\beta q_A$，$\beta$为模仿系数，且$1\geqslant\beta\geqslant 0$，如果$\beta=0$则表示关系完全不能被竞争者所复制，如果$\beta=1$则表示关系能够完全被竞争者所复制。低价值公司存在$p$的概率被发现并惩罚$f(q_{B2})$，同时假定由于声誉受到严重损害，受处罚的低价值公司将无法从外部获得任何资源①。$f(q_{B2})$为q_{B2}的线性增函数，假定$f(q_{B2})=\lambda q_{B2}$，λ为惩罚系数，且$\lambda>0$。进一步假定$f(q_B)=\lambda q_B\leq x_B$，即惩罚的大小不会超过低价值公司拥有的第一类资源，也就是说低价值公司并不会因为惩罚而导致破产。

因此高价值公司的收益函数为：$\pi_A=x_A+p[y+z]+(1-p)[y-ym(q_A)+z\,g_A(q_A,q_B)]$

低价值公司的收益函数为：$\pi_B=p[x_B-f(q_{B2})]+(1-p)[x_B+ym(q_A)+z\,g_B(q_A,q_B)]$

由高价值公司收益函数的一阶条件可得：$\frac{\partial}{\partial q_A}\pi_A=z\alpha\frac{q_B}{(q_A+q_B)^2}-y\beta=0$，$\frac{\partial^2\pi_A}{\partial q_A^2}=-2z\alpha q_B(q_A+q_B)^{-3}<0$，说明高价值公司存在最优的自愿披露水平$q_A{*}$。由低价值公司收益函数的一阶导数可得：$\frac{\partial\pi_B}{\partial q_{B1}}=(1-p)z\alpha\frac{q_A}{(q_A+q_{B1}+q_{B2})^2}>0$，说明低价值公司会充分披露所有真实的好消息，假定

① 通过后文的分析可以看到这一假定并不影响最终的结论，因为如果在如此极端的处罚经济后果下，低价值公司仍然会虚假陈述，那么在我国这种处罚力度较低、经济后果并不是很严重的情况下，低价值公司虚假陈述的动力显然会更大一些。

为 $\bar{q}_{B1}$。进一步由低价值公司收益函数的一阶导数可得：$\frac{\partial \pi_B}{\partial q_{B2}} = -p\lambda + (1-p)z\alpha \frac{q_A}{(q_A + \bar{q}_{B1} + q_{B2})^2} = 0$，$\frac{\partial^2 \pi_B}{\partial q_{B2}^2} = -2(1-p)z\alpha q_A (q_A + \bar{q}_{B1} + q_{B2})^{-3} < 0$。说明低价值公司存在最优的虚假自愿披露水平 $q_{B2}*$ 和总自愿披露水平 q_B*。综上各式整理可得，高价值公司最优披露水平，$q_A* = \frac{p\lambda}{(1-p)\gamma\beta} q_B* = \frac{(p\lambda)^3}{z\alpha(1-p)[(1-p)\gamma\beta + p\lambda]^2}$。

由此可以得出以下推论：高价值公司自愿披露水平是低价值公司虚假披露被查处概率、惩罚程度及非关系型资源的增函数，为关系型资产比重的减函数。当 $p < \frac{\gamma\beta}{(\lambda + \gamma\beta)}$ 时，高价值公司自愿披露水平将低于低价值公司。进一步对满足两类公司自愿披露水平相等时的概率 p 分析可以得出以下推论：模仿系数越大，关系型资源越多，被惩罚程度越低，使得自愿披露具有传递正面信号的发现概率 p 越高，从而对法律制度和监管有效性的要求越高。在我国新兴市场的特殊制度背景下，一方面关系型资源占据着主导地位；另一方面监管时效性差，多以广大公众投资者权益损失为代价的事后监管为主，监管效率并不是最优的（张宗新、朱伟骅，2007），并且法律制度目前尚不支持集体诉讼和惩罚性赔偿，上市公司虚假陈述的成本较低。在这种情况下，最终的结果很可能是在我国资本市场上低价值公司披露了更多信息，而高价值公司反而会降低自愿披露水平。由此本书提出假设 1①：

H1：在其他条件不变的情况下，公司价值与自愿披露显著负相关。

市场化进程在一定程度上反映了各地金融发展水平和资源自由流动程度

---

① 本文对于假设 1 的提出主要是基于关系型信息，忽略了非关系型信息，但这并不影响最终的结论。因为一方面低价值公司可以通过虚假陈述的方式披露大量的非关系型信息；另一方面非关系型信息的披露虽然有助于高价值公司获得第三类资源，但同时也会使其丧失一部分竞争优势。在非关系型资源所占比重较低的情况下，高价值公司披露此类信息的动力同样不会很高。

（吴晓晖、叶瑛，2009）。受政策、地理、交通、历史等因素的影响，中国各地区的市场化进程差异明显（夏立军、陈信元，2007），在某些省份，特别是在东部沿海省份，市场化已经取得了决定性的进展，而在另一些省份，经济中非市场的因素还占重要的地位（樊纲、王小鲁，2004）。在市场进程化较高的地区，政府干预市场较少，产品市场和要素市场发育程度更高，契约经济占据着更加主要的地位，关系型资源较少。在这种制度环境下，高价值公司通过自愿披露获取非关系型资源的意愿更加强烈；同时这类地区市场中介发育程度更高，法律制度环境更加完善，对中小投资者的保护较为有力，低价值公司的虚假陈述行为更容易被市场和相关监管部门所发现。因此，高价值公司基于资本市场交易的动机有可能比低价值公司披露更多的信息，由此本书提出假设 2：

H2：市场化进程对公司价值和自愿披露具有调节作用，即市场化进程较高的地区，高价值公司更愿意披露较多的信息。

3.1.3　研究设计

3.1.3.1　变量定义

（1）公司价值。

国外往往采用 Tobin Q 值来衡量公司价值，其基本的计算公式为公司市场价值与重置成本之比，但是在我国由于资本市场不是很发达，大量法人股不能在二级市场公开流通或仍处于限售期内，并且公开发行债券的公司也很少，公司市场价值测度难度较大，因此国内学者也会采用一些财务指标来衡量公司价值。本书借鉴夏立军、方铁强（2005），田利辉（2005），李新春等（2008），吴文锋等（2008），张兵等（2010）的做法分别用 *ROE*、*ROA*、*EBIT*，以及 *Tobin Q* 等四个指标来衡量公司价值。

（2）前瞻性非财务信息自愿披露水平（VDI）。

本书以南开大学公司治理中心对中国上市公司前瞻性非财务信息披露的具体项目评价的分值为基础，将自愿披露水平定义为：

$$VDI=\frac{\sum \text{各自愿性信息披露项目分值}}{\text{自愿性信息披露项目总数}}$$

（3）市场化进程。

本书所采用的各地区市场化指数来源于樊纲、王小鲁和朱恒鹏2010年出版的《中国市场化指数——各省区市场化相对进程2009年度报告》。由于在此书中市场化指数仅截至2007年底，缺少2008年和2009年的相关数据，因此本书以2004年至2007年连续四年排名前五位的广东、上海、浙江和江苏4个省份作为市场化进程比较高的地区，设置虚拟变量为1，其他省份为0。

（4）控制变量。

大量研究表明公司治理因素对自愿披露有显著影响（Ho and Wong，2001；Eng and Mak，2003；崔学刚，2004；肖华芳，2007；程新生等，2008）。本书通过第一大股东持股比例及其平方和、控制人类型、董事会规模、独立董事比例、是否设置审计委员会、零薪酬董事比例、高管薪酬总额和高管持股比例等9个指标来衡量公司治理水平。先前学者研究表明，财务因素对自愿披露具有显著影响（Ho and Wong，2001；Ferguson et al.，2002；乔旭东，2003；张宗新等，2005；范小雯，2006），因此本书控制了资产规模、收入、现金流、增长机会、财务杠杆、资产周转率等财务特征因素。详细变量设计与说明见表3-1。

表3-1 变量设计与说明

变量类型		变量代码	变量含义
因变量	非财务信息自愿披露	*VDI*	前瞻性非财务信息自愿性信息披露水平
调节变量	市场化进程	*MARKET*	如果公司处于上海、广东、浙江和江苏4个省份则为1，否则为0
自变量	公司价值	*ROE*	净利润/净资产
		ROA	净利润/总资产
		EBIT	息税前利润/销售收入
		Tobin Qa	（股权价值+净债务价值）/总资产，其中非流通股市值用净资产来代替计算

续表

变量类型		变量代码	变量含义
自变量	公司财务特征	*Tobin Qb*	（股权价值+净债务价值）/总资产，其中非流通股市值用流通股股价代替计算
		LN（ASSET）	公司资产总额对数
		REVENUE	营业收入/净资产
		CASH	经营活动产生的现金流/总资产
	公司治理	*GOA*	总资产增长率
		AT	总资产周转率
		LEVERGE	公司负债率，负债总额/净资产
		TOP	公司第一大股东持股比例
		TOP2	公司第一大股东持股比例平方和
		CONTROL	控制人类型，国有为 1，非国有为 0
		DBS	董事会中的总人数
		INDRATIO	独立董事比例
		COMMIT	虚拟变量，如果设置了审计委员会为 1，否则为 0
		NCOMD	未在上市公司领取薪酬的董事/董事会规模
		COMPEN	高管人员薪酬总额对数
		EQIN	高管人员的持股比例
		EQUI	第五大股东至第十大股东持股比例平方和对数
		BMT	董事会会议次数/年

3.1.3.2　研究样本选择和数据来源

本书选取了深、沪两市 2005—2009 年除金融行业外所有上市公司作为研究样本，剔除了数据不全及五年内没有持续存在的公司，得到每年 953 家公司共 4765 个样本。本书的研究数据来源于：①南开大学公司治理数据库；②北京色诺芬信息有限公司（北京大学中国经济研究中心）CCER 数据库；③国泰安数据库。我们对数据进行了抽样核对，以保证数据的可靠性。本研究所使用的统计及数据处理软件为 Stata10.0。

3.1.4 实证检验结果与分析

3.1.4.1 描述性统计分析

我们对本文的主要变量进行了描述性统计，详细结果见表 3-2。

表 3-2 样本的描述性统计

变量	最小值	最大值	均值	标准差	极差
ROE	-11.369	3.788	0.027	0.271	15.157
ROA	-2.239	1.052	0.019	0.074	3.291
EBIT	-14.911	6.365	0.008	0.481	21.276
Tobin Qa	0.536	32.869	1.937	1.496	32.333
Tobin Qb	0.571	16.421	1.380	0.763	15.850
VDI	0	0.827	0.272	0.149	0.827

表 3-3 高价值公司与低价值公司非财务信息自愿披露的非参数检验结果①

变量	高价值公司	低价值公司	非参数检验
ROE	0.268	0.282	-2.703（sig=0.007）
ROA	0.267	0.284	-3.057（sig=0.002）
EBIT	0.269	0.282	-2.293（sig=0.022）
Tobin Qa	0.263	0.274	-2.549（sig=0.011）
Tobin Qb	0.265	0.274	-1.772（sig=0.076）

从表 3-2 中可以看出，自愿披露的标准差和极差都比较大，说明不同上市公司之间定性信息的自愿披露存在较大差距。从表 3-3 中可以看出，高价值公司定性信息的自愿披露均值均低于低价值公司，且经过非参数检验，这种差异基于不同的公司价值替代变量都非常显著，在一定程度上支持了假设 1。

① 本书此处是按照四分位数分组区分高价值公司与低价值公司的。处理过程是首先求出各公司价值替代变量五年的均值，然后定义均值排名最高的前 1/4 的公司为高价值公司，其余定义为低价值公司。

3.1.4.2　公司价值与自愿披露的假设检验

为了检验假设 1，本书建立了以下模型。

$$VDI_{it} = \beta_0 + \beta_1 Performance_{it-1} + \beta_2(\text{控制变量}) + \omega_{it} \quad (3-1)$$

其中，$Performance_{it-1}$ 表示衡量公司价值的各个变量，为了控制其与自愿披露之间可能存在的内生性，本书将所有衡量公司价值的变量取了滞后一期值。由 F 检验和 Hausman 检验可知，本书所选模型应使用固定效应模型（FEM）。因为 *TOP* 与其平方项 TOP^2 相关系数很大，存在严重的多重共线性，因此本书借鉴了汉密尔顿（2008）的对中方法进行了处理。基本原理是首先生成一个新的变量 TOP_a 等于 *TOP* 减去其均值，然后取 TOP_b 等于 TOP_a 的平方，将 TOP_a 和 TOP_b 分别代替 *TOP* 和 TOP^2 代入原回归模型，系数和标准差都不会发生改变，且能够有效消除两者之间的多重共线性。其他变量之间的 VIF 值都超过 3，因此并不存在显著的多重共线性。具体估计结果见表 3-4。

表 3-4　公司价值与非财务信息自愿披露回归分析结果

变量	*M1*	*M2*	*M3*	*M4*	*M5*
ROE	-0.029*** (-3.70)				
ROA		-0.111*** (-3.75)			
EBIT			-0.010** (-2.25)		
Tobin Qa				-0.004** (-2.32)	
Tobin Qb					-0.005 (-1.45)
TOP	-0.570*** (-18.29)	-0.569*** (-18.24)	-0.570*** (-18.27)	-0.572*** (-18.34)	-0.575*** (-18.40)
TOP^2	-0.160 (-1.39)	-0.165 (-1.44)	-0.158 (-1.37)	-0.161 (-1.40)	-0.152 (-1.32)

续表

变量	*M1*	*M2*	*M3*	*M4*	*M5*
CONTROL	−0. 048 *** (−4. 49)	−0. 048 *** (−4. 44)	−0. 048 *** (−4. 48)	−0. 048 *** (−4. 46)	−0. 048 *** (−4. 49)
DBS	−0. 003 ** (−1. 99)	−0. 003 ** (−1. 99)	−0. 003 ** (−1. 98)	−0. 003 * (−1. 80)	−0. 003 * (−1. 88)
INDRATIO	0. 198 *** (4. 58)	0. 198 *** (4. 59)	0. 195 *** (4. 51)	0. 206 *** (4. 74)	0. 203 *** (4. 68)
COMMIT	0. 012 * (1. 81)	0. 012 * (1. 90)	0. 011 * (1. 72)	0. 017 ** (2. 49)	0. 015 ** (2. 17)
NCOMD	0. 002 (0. 20)	0. 001 (0. 05)	0. 001 (0. 09)	0. 002 (0. 20)	0. 002 (0. 16)
EQUI	0. 012 *** (8. 80)	0. 012 *** (8. 81)	0. 012 *** (8. 78)	0. 012 *** (8. 83)	0. 012 *** (8. 85)
BMT	0. 007 *** (10. 49)	0. 007 *** (10. 40)	0. 007 *** (10. 45)	0. 007 *** (10. 61)	0. 007 *** (10. 58)
COMPEN	0. 038 *** (8. 36)	0. 038 *** (8. 52)	0. 038 *** (8. 35)	0. 039 *** (8. 50)	0. 038 *** (8. 38)
EQIN	0. 435 ** (2. 26)	0. 430 ** (2. 24)	0. 434 ** (2. 26)	0. 437 ** (2. 27)	0. 445 ** (2. 31)
LN (ASSET)	0. 144 *** (19. 26)	0. 144 *** (19. 26)	0. 143 *** (19. 12)	0. 142 *** (19. 03)	0. 142 *** (19. 02)
REVENUE	0. 002 (1. 10)	0. 004 ** (1. 98)	0. 004 ** (2. 03)	0. 003 * (1. 67)	0. 004 * (1. 92)
GOA	−0. 002 (−0. 54)	−0. 001 (−0. 22)	−0. 001 (−0. 33)	0. 001 (0. 28)	0. 001 (0. 05)
CASH	0. 045 * (1. 68)	0. 040 (1. 50)	0. 045 * (1. 67)	0. 049 * (1. 81)	0. 049 * (1. 83)
LEVERGE	−0. 034 (−1. 60)	−0. 049 ** (−2. 23)	−0. 041 * (−1. 89)	−0. 036 * (−1. 70)	−0. 034 (−1. 61)
AT	0. 050 *** (4. 78)	0. 047 *** (4. 56)	0. 045 *** (4. 40)	0. 047 *** (4. 51)	0. 045 *** (4. 39)

续表

变量	*M*1	*M*2	*M*3	*M*4	*M*5
_ *cons*	−3.525 *** (−23.37)	−3.526 *** (−23.38)	−3.516 *** (−23.19)	−3.497 *** (−23.21)	−3.488 *** (−23.13)
F 值	125.42 ***	125.46 ***	124.63 ***	124.66 ***	124.36 ***
调整后 R^2	0.362	0.362	0.360	0.360	0.360

注：*** 表示在 1%水平下显著，** 表示在 5%水平下显著，* 表示在 10%水平下显著。

由表 3-4 可知，表示衡量公司价值的 *ROE*、*ROA*、*EBIT*、*Tobin Qa* 都通过了显著性检验，且系数为负，*Tobin Qb* 虽然未通过显著性检验，但是系数同样为负，说明高价值公司披露了较少的信息，与谢志华和崔学刚的研究结果一致，支持了假设 1。

3.1.4.3　市场化进程对公司价值与非财务信息自愿披露调节作用的假设检验

为了验证假设 2，本书建立了如下模型。

$$VDI_{it} = \alpha_0 + \alpha_1 Performance_{it-1} + \alpha_2 Performance_{it-1} \times MARKET + \alpha_3(\text{控制变量}) + \varepsilon_{it} \tag{3-2}$$

如果 α_2 显著为正；则表明市场化进程能够延缓公司价值与自愿披露两者之间的负相关关系，如果 $\alpha_1 + \alpha_2 > 0$，则说明市场化进程较高的地区，公司价值越高，自愿披露也越高。具体估计结果见表 3-5。

表 3-5　市场化进程对公司价值与非财务信息自愿披露调节作用回归分析结果

变量	*M*6	*M*7	*M*8	*M*9	*M*10
ROE	−0.031 *** (−3.63)				
ROE×*MARKET*	0.011 (0.49)				
ROA		−0.113 *** (−3.42)			
ROA×*MARKET*		0.009 (0.13)			

续表

变量	*M6*	*M7*	*M8*	*M9*	*M10*
EBIT			-0.016*** (-2.93)		
EBIT ×MARKET			0.020* (1.93)		
Tobin Qa				-0.008*** (-3.94)	
Tobin Qa×MARKET				0.013*** (3.85)	
Tobin Qb					-0.014*** (-3.64)
Tobin Qb×MARKET					0.025*** (4.34)
控制变量①					
F 值	118.44***	118.46***	118.00***	118.99***	119.05***
调整后 R^2	0.362	0.362	0.361	0.363	0.363

注：*** 表示在1%水平下显著，** 表示在5%水平下显著，* 表示在10%水平下显著。

从表3-5可以看到，*EBIT*、*Tobin Qa* 和 *Tobin Qb* 与市场化进程的交叉项都显著正相关，且 $\alpha_1 + \alpha_2 > 0$，支持了假设2，说明市场化进程的确会对公司自愿披露的动机产生一定的影响。*ROE* 和 *ROA* 与市场化进程的交叉项并不显著，虽然系数为负，但 $\alpha_1 + \alpha_2 < 0$，并未完全支持假设2。相互对比后发现，以市场价值为替代变量的高价值公司自愿披露的表现优于以财务业绩为替代变量的高价值公司，出现这种情况可能与以下原因有关：先前大量研究表明，即使在市场发展相对比较成熟的国家或地区，公司的自愿披露政策同样需要在损失竞争优势和获取市场资源之间权衡。与高财务业绩的公司相比，高市场价值的公司更关注市场反应，因此倾向于多披露信息来赢取良好的市场声誉；而高财务业绩的公司本身创造资源的能力要强一些，所以从市场获取资

① 因此处控制变量与表3-4中的基本相同，且结果未发生显著变化，为节省篇幅，表3-5中控制变量的具体回归结果本文并未详细列出。

源的需求要小于高市场价值公司，因此自愿披露的动机也就低于高市场价值公司。

3.1.4.4　稳健性检验

为了消除股权分置改革可能对结果的影响，本书删除了股权分置改革之前的年度样本，按照上述模型重新进行了回归分析，结果未发生显著变化；为了消除异常值的影响，本书采用 winsorize 标准化的方法剔除了最大和最小的 1%观察值，结果未发生显著变化；为了消除市场化进程选取地区的影响，本书又以 2004—2007 年连续四年排名前三位的广东、上海和浙江 3 个省市作为市场化进程较高的地区，按照上述模型重新进行了回归分析，结果未发生显著变化；为了消除公司控制权争夺动机的影响，本书选取了连续三个任期内董事长和总经理都未发生过非正常变更（正常变更仅仅指任期期满所发生的变更，其他所有在正常任期内的变更统一算为非正常变更，高管变更的数据来源于国泰安数据库）的样本①，按照上述模型进行了回归分析，结果未发生显著变化。说明本书的实证结果还是比较稳健可信的。

3.2　公司价值与拟投资项目相关的前瞻性非财务信息披露

Dye（1985）、Jung 和 Kwon（1988）、Penno（1997）、Acharya 等（2008）等认为，现实中管理层没有披露一些与投资者决策非常相关的信息可能是由两个方面的原因造成的：一是管理者没有任何私有信息，所以也就无法披露。比如对于国家行业政策未来是否发生重大改变的非财务信息，管理者可能并不清楚未来政策究竟如何变化，所以也就很难公开披露类似信息。二是管理者故意隐瞒了信息。外部投资者很难区分上市公司的低披露政策究竟是何种因素导致的，所以一些公司管理者就可能借此隐瞒一些消息进行选择性的部分披露来混同于那些没有私有信息的公司。根据《公开发行证券的公司信息披露内容与格式准则第 2 号〈年度报告的内容与格式〉》（2007 年修订）的规定，

① 对于上市年限尚不足三个任期的样本，从上市之初开始算起。

上市公司应当披露拟开展的新业务、拟开发的新产品、拟投资的新项目等，但是对于拟投资项目的预期收益、预期风险等信息并不强制披露，而是属于自愿披露的范畴。因此，本书继续在此部分仅以拟投资的新项目作为研究对象，可以消除公司披露行为是由于缺乏可供披露的私有信息而产生的噪声。

具体的变量定义见表 3-6。

表 3-6　变量定义

变量	定义
Tobin Qa	（股权价值+净债务价值）/总资产，其中非流通股市值用净资产来代替计算
Tobin Qb	（股权价值+净债务价值）/总资产，其中非流通股市值用流通股股价代替计算
VDI	如果公司披露了更多有关拟投资项目的非财务信息，则该值为 1，否则为 0
TOPa	公司第一大股东持股比例
TOPb	公司第一大股东持股比例平方和
MEETINGS	董事会会议次数/年
DIRECTORS	董事会中的总人数
INDRATIO	独立董事比例
AUDITCOMMIT	虚拟变量，如果设置了审计委员会，则该值为 1，否则为 0
MGROWN	高管人员的持股比例
COMPEN	前三名高管人员薪酬总额对数
FINEXP	董事会中具有财务背景的董事人数
SOEs	控制人类型，国有为 1，非国有为 0
SEO	如果公司有股权再融资行为，则该值为 1，否则为 0
BIG4	如果会计师事务所是国际四大，则该值为 1，否则为 0
INST	前十大机构投资者持股比例
QFII	外国机构投资者持股比例
REV	收入/期初总资产
AT	资产周转率
LEVERGE	资产负债率

续表

变量	定义
GOA	资产增长率
CFO	经营活动产生的净现金流/期初总资产
HIGH-TECH	如果公司属于高科技企业，则该值为 1，否则为 0
HIGH-MARKETIZATION	如果公司处于高市场化进程地区，即上海、江苏、浙江、广东等 4 个省市为 1，否则为 0
LN（*ASSET*）	公司总资产的自然对数
CG-INDEX	公司治理指数

表 3-7　样本分布

项目	2007 年	2008 年	2009 年	2010 年	合计
披露了存在拟投资项目的公司数量	687	712	720	734	2853
没有披露拟投资项目细节信息的公司数量	386	403	406	418	1613
披露了拟投资项目细节信息的公司数量	301	309	314	316	1240

通过表 3-7 可以看出，2007—2010 年共有 2853 个样本在公司年报中披露了未来年度存在拟投资的新项目，其中 1613 个样本仅仅披露了存在拟投资的新项目但并未披露更加明细的信息，而有 1240 个样本则进一步披露了拟投资项目的预期收益、预期风险等更加细节的信息。

表 3-8　描述性统计

Panel A：总样本					
变量	*Min.*	*Max.*	*Mean*	*Median*	*St. Deviation*
Tobin Qa	0.517	9.510	1.446	1.162	0.805
Tobin Qb	0.536	32.869	2.011	1.516	1.613
VDI	0	1	0.435	0	0.496
No. of Obs	2853				

Panel B：按照是否属于高科技企业进行分组对比						
变量	*Tobin Qa*		*Tobin Qb*		*VDI*	
	High-tech	*Non-high-tech*	*High-tech*	*Non-high-tech*	*High-tech*	*Non-high-tech*
Min.	0.547	0.517	0.672	0.536	0	0

续表

变量	Tobin Qa		Tobin Qb		VDI	
	High-tech	Non-high-tech	High-tech	Non-high-tech	High-tech	Non-high-tech
Max.	9.065	9.510	26.987	32.869	1	1
Mean	1.506	1.443	2.049	2.009	0.483	0.435
T-value (Chi-square)	0.938		0.293		1.546	
Median	1.272	1.156	1.766	1.506	0	0
Z- value	2.596***		2.589***		N/A	
St. Dev	0.731	0.809	1.058	1.638	0.501	0.496
N	151	2702	151	2702	151	2702
Panel C：按照市场化进程进行分组对比						
变量	Tobin Qa		Tobin Qb		VDI	
	High	Low	High	Low	High	Low
Min.	0.517	0.553	0.667	0.536	0	0
Max.	9.510	8.918	32.869	30.245	1	1
Mean	1.523	1.406	2.155	1.936	0.463	0.420
T-value (Chi-square)	3.687***		3.463***		4.877***	
Median	1.191	1.150	1.572	1.472	0	0
Z- value	3.253***		3.967***		N/A	
St. Dev	0.933	0.725	1.929	1.413	0.499	0.494
N	983	1870	983	1870	983	1870

注：*** 表示在1%水平下显著。

通过表3-8可以看出，对于总样本而言，*Tobin Qa* 和 *Tobin Qb* 的均值分别为1.446、2.011，中位数分别是1.162和1.516。*VDI* 的均值为0.435，中位数为0；在高科技企业组，*Tobin Qa* 和 *Tobin Qb* 的均值分别为1.506、2.049，在非高科技企业组，*Tobin Qa* 和 *Tobin Qb* 的均值分别为1.443、2.009，前者都高于后者。在高科技企业组，*Tobin Qa* 和 *Tobin Qb* 的中位数分别为1.272、1.766，在非高科技企业组，*Tobin Qa* 和 *Tobin Qb* 的中位数分别为1.156、1.506，两组中位数的差异都在1%水平下显著。两组之间 *VDI* 的均

值变化也和 *Tobin Qa* 和 *Tobin Qb* 一样，高科技企业组的信息披露要比非高科技企业组更加详细。在高市场化进程组，*Tobin Qa* 和 *Tobin Qb* 的均值分别为 1. 523、2. 155，在低市场化进程组，*Tobin Qa* 和 *Tobin Qb* 的均值分别为 1. 406、1. 936，两者的差异都在 1%水平下显著。在高市场化进程组，*Tobin Qa* 和 *Tobin Qb* 的中位数分别为 1. 191、1. 572，在低市场化进程组，*Tobin Qa* 和 *Tobin Qb* 的中位数分别为 1. 150、1. 472，两者的差异都通过了 1%水平下的显著检验。而 *VDI* 的变化也和 *Tobin Qa* 和 *Tobin Qb* 一致，即在高市场化进程地区的公司信息披露更加详细。

表 3-9　公司价值和非财务信息披露回归分析结果

变量	*Dependent Variable*：*VDI*			
	Coef.	*Z-statistic*	*Coef.*	*Z-statistic*
Tobin Qa	-0. 224***	-4. 04		
Tobin Qb			-0. 100***	-3. 48
CG-INDEX	0. 183***	3. 89	0. 172***	3. 69
LN (*ASSET*)	0. 106**	2. 18	0. 112**	2. 30
LEVERGE	-0. 091	-0. 37	-0. 054	-0. 22
REV	0. 040	0. 54	0. 039	0. 53
GOA	0. 226**	2. 08	0. 238**	2. 33
AT	0. 497**	2. 24	0. 501**	2. 28
CFO	-0. 070	-0. 13	-0. 085	-0. 16
SEO	0. 587***	3. 57	0. 591***	3. 59
INDUSTRY	Yes		Yes	
YEAR	Yes		Yes	
Log likelihood	-1632. 2449		-1634. 4393	
LR	615. 73***		611. 34***	
Pseudo R^2	0. 1587		0. 1576	
N	2853			

注：*** 表示在 1%水平下显著，** 表示在 5%水平下显著，* 表示在 10%水平下显著。

通过表 3-9 可以看出，*Tobin Qa* 的系数为-0. 224，*Z* 值是-4. 04，*Tobin Qb* 的系数为-0. 100，*Z* 值是-3. 48，两者都在 1%水平下显著负相关。这表明无论采用何种方法测度公司价值，价值更高的公司都披露了更少的与拟投资项目相关的前瞻性非财务信息。这与使用全部前瞻性非财务信息的结果是一致的。

表 3-10 公司价值、高科技企业和非财务信息披露回归分析结果

变量	*Dependent Variable*：*VDI*			
	Coef.	*Z-statistic*	*Coef.*	*Z-statistic*
Tobin Qa	-0. 291***	-5. 00		
Tobin Qa×high-tech	2. 280***	4. 76		
Tobin Qb			-0. 129***	-4. 34
Tobin Qb×high-tech			1. 488***	5. 14
High-tech	-0. 553	-1. 00	-0. 487	-0. 88
CG-INDEX	0. 177***	3. 75	0. 163***	3. 49
LN（*ASSET*）	0. 106**	2. 16	0. 112**	2. 27
LEVERGE	-0. 125	-0. 50	-0. 061	-0. 24
REV	0. 026	0. 36	0. 034	0. 44
GOA	0. 218**	2. 05	0. 240**	2. 54
AT	0. 556**	2. 38	0. 581**	2. 47
CFO	-0. 131	-0. 25	-0. 168	-0. 31
SEO	0. 584***	3. 53	0. 582***	3. 50
INDUSTRY	Yes		Yes	
YEAR	Yes		Yes	
Log likelihood	-1612. 9172		-1613. 908	
LR	654. 38***		652. 40***	
Pseudo R^2	0. 1686		0. 1681	
$\beta_1+\beta_2=0$	17. 48***		22. 38***	
N	2853			

注：*** 表示在 1%水平下显著，** 表示在 5%水平下显著。

通过表 3-10 可以看出，*Tobin Qa×high-tech* 的系数为 2. 280，*Z* 值是 4. 76，*Tobin Qb×high-tech* 的系数为 1. 488，*Z* 值是 5. 14，两者都在 1%水平下

显著负相关。这表明与非高科技企业相比，高科技企业的核心竞争力是公司的创新能力，更不依赖于关系，所以披露了更多的前瞻性非财务信息以降低公司的融资成本。

表 3-11　公司价值、市场化进程和非财务信息披露回归分析

变量	*Dependent Variable*：*VDI*			
	Coef.	*Z-statistic*	*Coef.*	*Z-statistic*
Tobin Qa	−0.641 ***	−7.23		
Tobin Qa×high-marketization	0.821 ***	6.83		
Tobin Qb			−0.312 ***	−6.81
Tobin Qb×high-marketization			0.459 ***	6.82
High-marketization	0.165 *	1.76	0.177 *	1.89
CG-INDEX	0.186 ***	3.88	0.171 ***	3.59
LN（ASSET）	0.091 *	1.84	0.095 *	1.91
LEVERGE	−0.080	−0.32	−0.028	−0.11
REV	0.016	0.23	0.008	0.12
GOA	0.240 **	2.18	0.250 **	2.28
AT	0.438 *	1.92	0.463 **	2.03
CFO	0.043	0.08	0.067	0.12
SEO	0.587 ***	3.53	0.570 ***	3.47
INDUSTRY	Yes		Yes	
YEAR	Yes		Yes	
Log likelihood	−1602.1982		−1603.4547	
LR	675.82 ***		673.31 ***	
Pseudo R^2	0.1742		0.1735	
$\beta_1+\beta_2=0$	4.06 **		7.70 ***	
N	2853			

注：*** 表示在 1%水平下显著，** 表示在 5%水平下显著，* 表示在 10%水平下显著。

通过表 3-11 可以看出，*Tobin Qa×high-marketization* 的系数为 0.821，*Z* 值是 6.83，*Tobin Qb×high-marketization* 的系数为 0.459，*Z* 值是 6.82，两者都在 1%水平下显著负相关。这表明处于高市场化进程地区的公司更加不依赖于关系，所以披露了更多的前瞻性非财务信息以降低公司的融资成本。

3.3 本章小结

在我国新兴市场的特殊制度环境下，公司非财务自愿披露的动机是什么？而这种动机又进一步对公司价值和非财务信息自愿披露之间的关系产生了何种影响？这既是比较基础性的问题，同时也是目前往往被学者容易忽视的问题。虽然很多学者已经对此进行了大量有益的探索，甚至已经开始把公司价值、业绩等因素作为控制变量来对待，但尚缺乏深层次的解剖分析，因此得出的实证结论往往也是互相矛盾甚至是完全相反的。

本书通过理论分析和实证检验发现，在我国这种特殊的制度背景下，首先，总体而言，基于资本市场交易的披露动机并不显著，且由于关系经济所依赖的关系信息具有专有性和隐蔽性的特点，披露的专有成本高于收益，高价值公司往往倾向于选择低披露政策；而同时由于法律和监管尚不完善加之定性信息本身具有很大信息弹性的特点，即使遇到其他利益相关者的质疑，管理者也可以通过自己的信息优势作出免责的合理化解释，因此低价值公司为了获取更多的市场资源反而会选择高披露政策。其次，在市场化进程较高的地区，各类市场发育程度更高，契约经济更加成熟，同时市场中介机构和法律制度更加完善，因此在这些地区资本市场交易的披露动机在一定程度上得到了加强。但分别以财务业绩和市场价值为替代变量的高价值公司表现并不一致，高市场价值的公司相比低市场价值的公司披露了更多信息，而高财务业绩的公司自愿披露并未显著高于低财务业绩的公司。最后，为了消除自然禀赋对于信息披露的噪声影响，本书又以拟投资项目的前瞻性非财务信息作为研究对象，发现公司价值较高的公司的确不愿意披露更多有关拟投资项目的非财务信息，但是高科技企业及处于市场化进程较高地区的公司由于更加不依赖于关系，所以会倾向于披露更加详细的信息以吸引投资者降低融资成本，从而支持了资本市场交易动机。

在这种情况下，首先加强法律建设与监管力度，加大对信息披露虚假陈述的处罚力度是非常必要的；其次继续推进社会主义市场化改革尤其是加大目前市场化进程较低地区改革力度也是非常重要的；最后探索研究一套符合我国现实情况，能够提高上市公司真实、公允披露积极性的信息披露概念框架和具体准则是一件非常有意义的工作。

第4章　政治关联、专有成本与前瞻性非财务信息披露

4.1　理论分析与研究假设

根据资本市场交易动机，为了提高公司股价、降低融资成本，公司往往倾向于披露所有的前瞻性非财务信息，充分披露成为设定模型的战略均衡。然而，实践中大量上市公司普遍存在或多或少隐瞒私有信息的现象。对此，一个重要的观点认为公司之所以没有充分披露信息是受到了专有成本的影响（Jovanovic，1982；Verrecchia，1983，1990；Dye，1986；Wagenhofer，1990）。根据专有成本动机假说，虽然公司披露私有信息可以缓解融资成本进而赢得资本市场投资者的青睐，但是也会被竞争者了解这些私有信息进而损害公司的竞争优势。因此，公司需要在成本和收益之间进行权衡，当信息披露的专有成本高于披露收益时，公司往往会隐瞒这些私有信息（Healy and Palepu，2001）。

虽然专有成本动机假说的理论模型早在20世纪90年代就比较成熟，但是对其实证研究一直进展不大。关键原因在于专有成本难以直接测度，所以一些文献尝试从间接角度验证专有成本动机假说，而目前学者主要是从市场竞争的角度验证专有成本对自愿披露的影响（Botosan and Stanford，2005；Verrecchia and Weber，2006）。然而，基于市场竞争视角的大样本研究结论并不一致甚至存在互相矛盾的现象（Bens et al.，2011）。比如Botosan和Stanford（2005）发现市场竞争越不激烈，有限竞争者之间互相影响越大，从而专有成本越高，进而越不愿意披露更加详细的信息。Harris（1998）认为，为了避免潜在竞争者进入行业，低市场竞争行业的公司也不愿意披露更多的信息。然而，Verrecchia和Weber（2006）发现市场竞争度越高行业的公司，

由于专有成本更高，更不愿意披露更多的信息。正因如此，一些学者对于采用市场竞争作为专有成本替代变量的做法提出了质疑。Ali 等（2009）认为以往的大多数研究都是从 Compustat 数据库选取的数据并以此来计算市场集中度（用来衡量市场竞争），但是 Compustat 数据库仅仅包括上市公司，忽略了非上市公司，以此计算得到的市场竞争程度必然存在较大的偏差。Karuna（2007）则认为以往计算市场竞争都是从市场集中度的单一维度，但是其他因素如产品的可替代性、市场规模、进入成本等也会影响市场竞争；Karuna（2010）通过多维角度计算市场竞争后发现，其对于公司自愿披露的研发、员工、订单等非财务信息的影响并非线性。此外，Berger 和 Hann（2007）认为产品市场竞争程度不仅与专有成本有密切联系，同时与代理成本也有高度相关性，所以即使以前学者发现产品市场竞争的确影响公司管理者的自愿披露行为，但很难说这一定是专有成本导致的。

因此，Beyer 等（2010）建议今后对于专有成本动机假说的实证不应该仅仅局限于市场竞争视角，应该考虑从其他方面提供经验证据会更有意义。与西方契约经济不同的是，新兴市场交易更依赖于关系经济（卢现祥，2003），关系作为一种特殊形式起到了良好的替代作用（Bunkanwanicha et al.，2008）。但是这种关系具有专有性和隐蔽性的特点，一旦如实披露容易被竞争者所利用，不利于关系的稳定和长久（卢现祥，2003），并且一些非正常关系也容易引起有关政府部门的注意而招致法律风险。

在中国由计划经济向市场经济的转轨发展过程中，虽然市场化进程取得了一定的成就，但经济中非市场的因素仍占有重要的地位，政府对经济干预比较严重，并且资源分布极不均匀，大量的社会资源仍旧掌握在政府手中。与政府良好的关系易于取得更多的银行贷款、特许经营权、更优惠的税率，以及直接的政府补贴等（Hoskisson et al.，2000；Khwaja and Mian，2005；Faccio et al.，2006）。因此，与其他企业的关系网络相比，与政府之间的关系显得尤为重要，所以本书将研究重点放在企业与政府官员之间的关系上。正如本书前面所分析的，关系具有隐蔽性，外界很难直接观察和评价公司高管与政府官员之间私人关系的存在及密切程度。而 2006 年爆发的上海社保基金腐败案提供了一个自然实验，可以从另一个角度而非市场竞争来验证专有成本动机假说。

虽然与政府官员之间的关系在某些特定时期可以为公司带来诸多好处，甚至成为企业的核心竞争力，但是这种关系具有很强的专有性和隐蔽性（Tsang，1998；Yeung and Tung，1996）。如果披露过于详细的信息，竞争者就有可能通过公司披露的详细信息觉察到公司的关系网络，从而可以复制或利用这种关系进而不利于关系网络的稳定和长久（卢现祥，2003），或者与别人分享相同的关系网络而影响关系的最终效用。

因此，上海社保腐败案爆发之前，那些与腐败官员之间具有密切不正常关系的上市公司为了避免关系被复制或利用，很可能并不倾向于披露详细的信息。而当上海社保基金腐败案被曝光后，相关的政府官员被逮捕和判刑，公司与政府官员之间的关系被损害而不复存在，此时，因为关系所带来的专有成本就会大为降低，因此这部分公司很可能会提高自愿披露水平。由此本书提出假设 1：

假设 1：其他条件不变的情况下，当上海社保基金腐败案曝光后，与腐败政府官员之间存在较强关系的公司会增加非财务信息自愿披露。

4.2 研究设计与实证检验

4.2.1 研究设计

4.2.1.1 非财务信息自愿披露（VDI）

本书借鉴 Muslu 等（2014）、Bozzolan 等（2009）、Li（2010）等的做法使用句子数作为非财务信息披露的替代变量。句子数越多，则表明非财务信息披露越详细。本书所研究的主要是董事会报告中的句子。中国上市公司的董事会报告中包括会影响公司未来的重要事件、趋势和不确定性的讨论与分析。比如公司营业收入、营业利润、净利润的同比变动情况和引起变动的主要影响因素；主要供应商、客户情况；订单的获取情况、产品的销售或积压情况；公司主要产品、服务或将提供的新产品、服务的介绍，以及对公司经营及业绩的影响；公司正在投资的项目及拟投资项目的情况如资金来源、合同安排、时间进度、收益或预期收益，等等；公司所面临的经营风险、财务风险及应对措施；说明公司的行业地位或区域市场地位，分析面临的市场竞争格局和公司存在的主要竞争优势、劣势，以及公司经营和盈利能力的连续性和稳定性；公司战略目标及实施情况；公司所获得的特许经营权等战略资源情况；等等。中国上市公司董事会报告中所包含的信息基本上能够反映公司整体的自愿披露水平，正因如此，本书主要考察的是董事会报告中所包含的句子。

4.2.1.2　涉案公司

本书主要借鉴杜颖洁和杜兴强（2011）对于上海社保腐败案涉案公司的界定。根据媒体报道及最终的判决情况，只要公司满足以下条件之一，我们就认定其为涉案公司：公司自身或高管涉案、公司前十大股东中的一位或多位涉案、公司最终控制人涉案。按照这个标准，总共有 95 家公司属于涉案公司，其中 10 家上市公司自身或其高管涉案，55 家上市公司的前十大股东之一或多位涉案，30 家上市公司的最终控制人涉案（某些上市公司同时存在 2 种或 3 种情况）。对于涉案公司，我们认为其与腐败官员建立了关系网络。我们预测这类公司在腐败案被处理之前，由于“关系”所带来的专有成本较高，往往不倾向于披露更多的信息。而当腐败官员被调查逮捕后，由于建立的关系网络丧失进而导致专有成本降低，因此这类公司在腐败案后，自愿披露会有显著的增加。

本书详细的变量定义见表 4-2。

表 4-2　变量定义

变量	定义
VDI	董事会报告中句子数目的自然对数
Corrupt	虚拟变量，如果属于上海社保腐败案的涉案公司则为 1，否则为 0。数据来自杜颖洁和杜兴强（2011）的论文
Posta	虚拟变量，如果时间处于腐败案后的 2006 年则为 1，否则为 0
Postb	虚拟变量，如果时间处于腐败案后的 2006—2008 年则为 1，否则为 0
TOP	第一股东持股比例
DIRECTORS	董事会总人数

续表

变量	定义
INDRATIO	独立董事比例
AUDITCOMMIT	虚拟变量，如果公司中设有审计委员会则为 1，否则为 0
MGROWN	高管持股比例
COMPEN	前三名高管薪酬总额的自然对数
CONTROL	虚拟变量，如果属于国有企业则为 1，否则为 0
INST	前十大机构投资者持股占流通股比例
SIZE	公司总资产的自然对数
ROA	总资产收益率，净利润/总资产
REV	收入/总资产
LEV	公司资产负债率
GOA	总资产的增长率
CFO	经营活动产生的净现金流/总资产

4.2.1.3 数据来源和样本区间

本书的回归数据主要来源于色诺芬经济金融研究数据库（CCER）和国泰安数据库（CSMAR）。由于腐败官员都是在 2006 年 7 月至 11 月被调查和逮捕的，而按照中国证监会的规定，上市公司需要在次年的 4 月底之前披露公司年报。也就是说，当上市公司披露 2005 年年报时，腐败官员尚未被查处，而当 2007 年 4 月底之前披露 2006 年年报时，腐败案官员已经全部被逮捕，因此我们将 2005 年定义为腐败案之前，而将 2006 年定义为腐败案之后，主要考察是否 2006 年非财务信息自愿披露的水平显著高于 2005 年。为了防止仅仅选择 2005 年和 2006 年可能会造成的误差，本书借鉴 Fan 等（2008）的做法又进一步将 2003—2005 年的连续三年定义为腐败案之前，将 2006—2008 年的连续三年定义为腐败案之后，然后进一步用这 6 年的数据分析公司在腐败案前后，非财务信息自愿披露水平是否发生了显著变化。

对于控制组，本书使用了两种配对方法：第一，按照行业相同，资产规模相近的方法选择控制组，同时参考总资产增长率、公司负债率、盈利能力、收入、经营活动产生的净现金流等指标，尽量保持这些指标在腐败涉案组以及控制组之间不存在显著差异。第二，我们借鉴 Fan 等（2008）的做法，将上海市的其他未涉案公司作为“non-event firms”，本书剔除了上海市金融类公司及 2003—2008 年未连续存在的样本，共计 57 家公司。我们将经过第一种配对方法选择的样本称为配对公司，而将经过第二种配对方法选择的样本称为非涉案公司。

4.2.1.4　模型设计

为了验证本书的假设，我们采用了双倍差分模型（Difference in Difference model）：

$$\mathrm{Ln}\,(VDI_{it}) = \beta_0 + \beta_1 Corrupt_{it} + \beta_2 Post_{it} + \beta_3 Corrupt_{it} \times Post_{it} + \beta_m ControlVariable_{it} + \omega_{it} \quad (4-1)$$

其中，VDI_{it} 表示非财务信息自愿披露水平，等于公司在董事会报告中披露的句子数目。$Corrupt_{it}$ 表示公司是否涉案，如果涉案则为 1，否则为 0。$Post_{it}$ 是虚拟变量，如果在腐败案之后为 1，否则为 0。

4.2.2　实证检验

4.2.2.1　描述性统计

表 4-3 报告了涉案公司、配对样本公司及在上海市的非涉案公司的年度均值分布情况。首先，通过涉案公司与配对样本公司的均值 T 检验，我们可以看出，除了董事会规模、独立董事比例在 2008 年，高管薪酬在 2004 年和 2005 年，二者存在显著差异外，其他指标包括公司规模、盈利、负债、收入、cfo、成长性等财务指标以及第一大股东持股比例，审计委员会等公司治理指标虽然也不完全相同，但是这种差异并不显著。这说明本书寻找的配对样本比较合适。

其次，通过比较涉案公司与在上海的非涉案公司，我们发现两者在财务特征和公司治理上都不存在特别明显的差异，只是董事会规模在 2003 年、独立董事比例在 2003 年、2006—2008 年存在差异，而其他指标并不存在显著性差异。

最后，我们通过表 4-3 和图 4-1、图 4-2 可以看出，对涉案公司而言，在腐败官员被调查逮捕后，2006年自愿披露水平与2005年相比，均值由63.477提到84.554，在1%水平下显著；对配对样本公司而言，自愿披露均值则是从70.938变为71.385，在上海的非涉案公司自愿披露均值则由65.895变为62.561，两者稍有所下降。说明如果我们只考察腐败案前后一年情况的话，只有涉案公司的自愿披露均值发生了显著变化，而其他配对公司和在上海的非涉案公司的自愿披露均值则未发生显著变化，在一定程度上支持了我们的假设。

如果我们考察腐败案前后三年的话，发现涉案公司在腐败案前的2003—2005年的自愿披露均值为54.467，而腐败案后的2006—2008年的自愿披露均值为80.985，有了显著提高，并且这种差异在1%水平下显著。配对样本在2003—2005年自愿披露均值为63.092，而2006—2008年的自愿披露均值则增加到80.173，虽然也在1%水平下显著，但是增长幅度低于涉案公司，并且我们也可以发现在腐败案前的2003—2005年，配对样本的自愿披露均值63.092要显著高于涉案公司的54.467（T=2.468，5%水平显著），但在腐败案发生后的2006—2008年，二者的自愿披露均值几乎相等。在上海的非涉案公司2003—2005年的自愿披露均值为58.931，2006—2008年为67.351，增长幅度也低于涉案公司，并且在2003—2005年，涉案公司与非涉案公司的自愿披露均值并不存在显著差异，而在2006—2008年，涉案公司的自愿披露均值要显著高于非涉案公司。

同时我们还发现，三类公司在2005年自愿披露均值都有显著提高，并且财务指标和公司治理指标并未相应的发生变化，说明2005年的变化并非由于财务状况或公司治理的变化所致，我们分析原因觉得可能是受到2005年开始实施的股权分置的影响。三类公司在2005年年报披露之前，大部分公司都已经公布了股权分置改革的实施方案，部分公司甚至已经完成了股改。股权分置改革有助于缓解公司的委托—代理难题，进而有助于自愿披露水平的提高。

表 4-3　涉案公司、配对公司以及非涉案公司的主要变量年度均值分布统计和对比

变量		2003 年	2004 年	2005 年	2006 年	2007 年	2008 年	2003—2005 年	2006—2008 年
VDI	涉案	50.892	49.031	63.477**	84.554***	79.923	78.477	54.467	80.985***
	配对	62.077	56.262	70.938**	71.385	83.631*	87.123	63.092	80.713***
	非涉案	53.456	55.825	65.895*	62.561	67.018	72.474	58.391	67.351*
	T 值 a	1.940*	1.299	1.136	−1.686*	0.389	1.204	−2.468**	0.060
	T 值 b	0.427	0.879	0.377	−2.954***	−1.749*	−0.757	−0.999	3.119***
SIZE	涉案	21.405	21.474	21.506	21.557	21.726	21.726	21.461	21.669**
	配对	21.300	21.392	21.471	21.552	21.704	21.694	21.388	21.650**
	非涉案	21.589	21.587	21.610	21.708	21.834	21.834	21.595	21.792
	T 值 a	−0.613	−0.460	−0.182	−0.027	−0.295	0.038	0.714	0.160
	T 值 b	0.920	0.517	0.460	0.634	0.428	0.399	−1.080	−0.837
ROA	涉案	0.030	0.025	0.011	0.028*	0.038	0.0003**	0.022	0.022
	配对	0.020	0.021	0.006	0.020**	0.027	0.004**	0.012	0.015
	非涉案	0.018	−.013	0.012	0.031	0.063	0.041	0.006	0.045**
	T 值 a	−0.998	−0.324	−0.426	−0.569	−1.075	0.320	1.441	0.774
	T 值 b	−1.279	−1.139	0.035	0.138	1.367	1.413	1.332	−1.723*
LEV	涉案	0.520	0.523	0.517	0.515	0.512	0.826	0.520	0.617
	配对	0.481	0.511	0.542	0.575	0.563	0.559	0.512	0.566**
	非涉案	0.579	0.853	0.870	0.613	0.689	0.841	0.768	0.715
	T 值 a	−1.059	−0.307	0.767	1.622	1.253	−0.852	0.399	0.498
	T 值 b	0.734	1.194	1.364	1.410	1.134	0.035	−1.924*	−0.621

续表

变量		2003 年	2004 年	2005 年	2006 年	2007 年	2008 年	2003—2005 年	2006—2008 年
REV	涉案	0.776	0.843	0.842	0.873	0.791	0.782	0.820	0.815
	配对	0.743	0.735	0.762	0.704	0.694	0.707		
	非涉案	0.703	0.757	0.772	0.796	0.793	0.831	0.744	0.807
	T 值 a	-0.338	-0.550	-0.431	-0.987	-0.694	-0.526		1.303
	T 值 b	-0.516	-0.606	-0.425	-0.430	-0.008	0.297	0.893	0.118
CFO	涉案	0.035	0.053	0.054	0.054	0.039	0.024	0.048	0.039
	配对	0.029	0.071 **	0.040 *	0.045	0.040	0.024	0.046	0.036
	非涉案	0.052	0.070	0.049	0.088	0.046	0.043	0.058	0.059
	T 值 a	-0.304	0.904	-1.010	-0.636	0.063	-0.058	0.069	0.297
	T 值 b	0.953	0.834	-0.201	1.558	0.348	1.145	-0.984	-1.776 *
GOA	涉案	0.168	0.089 *	0.046	0.073	0.223 ***	0.107	0.101	0.134
	配对	0.136	0.144	0.120	0.114	0.225 *	0.079 **	0.133	0.139
	非涉案	0.115	0.028 **	0.052	0.214	0.179	0.036 **	0.065	0.143 *
	T 值 a	-0.597	0.905	1.503	0.970	-0.061	-0.356	-1.013	-0.138
	T 值 b	-1.172	-1.586	0.172	1.407	-0.713	-0.984	1.460	-0.198
Top	涉案	0.424	0.424	0.398	0.380	0.375	0.377	0.415	0.377 **
	配对	0.419	0.409	0.395	0.359	0.356	0.356	0.408	0.357 ***
	非涉案	0.429	0.425	0.412	0.379	0.371	0.376	0.422	0.376 **
	T 值 a	-0.177	-0.496	-0.112	-0.734	-0.755	-0.653	0.458	1.242
	T 值 b	0.170	0.042	0.477	-0.021	-0.135	-0.015	-0.390	0.099
COMPEN	涉案	13.063	13.338	13.229	12.643	13.475	13.776	13.210	13.298
	配对	12.844	12.697	12.357	12.820	12.854	13.729	12.633	13.134 **
	非涉案	12.536	12.938	13.191	12.880	13.088	13.888	12.889	13.286

续表

变量		2003 年	2004 年	2005 年	2006 年	2007 年	2008 年	2003—2005 年	2006—2008 年
COMPEN	T 值 a	-1. 458	-2. 062 **	-1. 894 *	0. 349	-1. 443	-0. 360	3. 013 ***	0. 716
	T 值 b	-1. 350	-1. 217	-0. 103	0. 405	-0. 846	1. 155	1. 580	0. 056
DIRECTORS	涉案	6. 538	6. 338	6. 231	6. 092	5. 985	6. 415	6. 369	6. 164
	配对	6. 323	6. 185	5. 908	5. 862	5. 708	5. 846	6. 138	5. 805 **
	非涉案	7. 280	6. 578	6. 333	6. 245	5. 929	6. 087	6. 731	6. 088 ***
	T 值 a	-0. 784	-0. 529	-1. 310	-0. 983	-0. 915	-2. 179 **	1. 472	2. 454 **
	T 值 b	2. 269 **	0. 825	0. 340	0. 671	-0. 176	-0. 972	-2. 099 **	0. 388
INDRATIO	涉案	0. 507	0. 531	0. 537	0. 535	0. 548	0. 550	0. 525	0. 544 *
	配对	0. 506	0. 543	0. 544	0. 562	0. 579	0. 602	0. 531	0. 581 ***
	非涉案	0. 462	0. 528	0. 546	0. 571	0. 604	0. 599	0. 513	0. 592 ***
	T 值 a	-0. 045	0. 503	0. 378	1. 304	1. 427	2. 064 **	-0. 489	-2. 802 ***
	T 值 b	-1. 904 *	-0. 126	0. 680	1. 880 *	2. 238 **	1. 686 *	1. 016	-3. 329 ***
COMMIT	涉案	0. 354	0. 431	0. 477	0. 508	0. 892 ***	0. 985 **	0. 421	0. 795 ***
	配对	0. 431	0. 508	0. 538	0. 554	0. 846 ***	0. 985 ***	0. 492	0. 795 ***
	非涉案	0. 438	0. 526	0. 578	0. 578	0. 929 ***	1 **	0. 515	0. 836 ***
	T 值 a	0. 894	0. 875	0. 698	0. 524	-0. 742	-0. 011	-1. 423	0. 000
	T 值 b	0. 951	1. 050	1. 122	0. 783	0. 717	0. 936	-1. 804 *	-1. 014

注：①***、**、*分别表示 1%、5%、10%水平下显著；

②每个变量均值后边的显著性水平表示此变量本年度与前一年度的均值 T 检验显著性水平，比如 VDI 2006 年的均值为 84. 554***，其与 2005 年均值 63. 477 在 1%水平下具有显著差异；

③T 值 a 表示涉案公司与配对样本不同变量之间的均值 T 检验结果。比如 *VDI* 2003 年，T 值为 1. 940*，表示涉案公司的自愿披露水平（50. 892）与配对样本（62. 077）相比具有显著差异。T 值 b 表示涉案公司与非涉案公司不同变量之间的均值 T 检验结果。比如 *VDI* 2003 年，T 值为 0. 427，表示涉案公司的自愿披露水平（50. 892）与涉案公司（53. 456）相比具有显著差异。

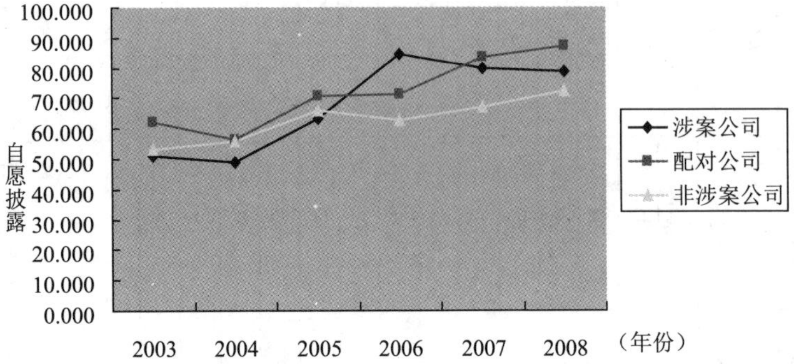

图 4-1 涉案公司、配对公司以及非涉案公司自愿披露均值年度分布

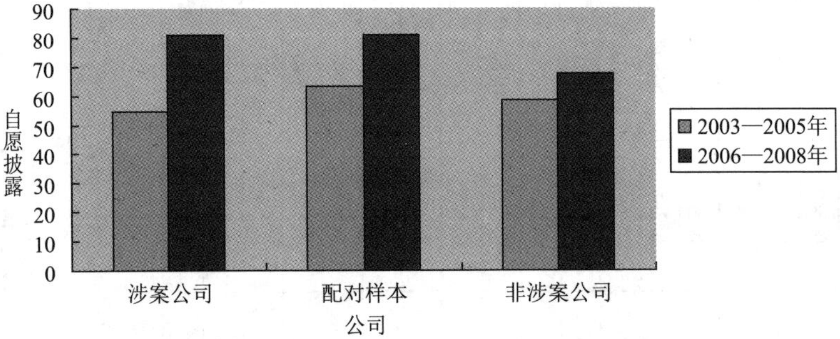

图 4-2 涉案公司、配对公司以及非涉案公司自愿披露均值腐败案前后三年分布情况

表 4-4 报告了主要变量之间的相关系数。

4.2.2.2 回归检验

表 4-5 报告了自愿披露回归分析结果。从 Table A 可以看出，如果我们仅考察腐败案前后一年的时间段，涉案公司与配对公司一起回归，腐败案后，无论是否控制行业，涉案公司的自愿披露都有了显著提高（T 值分别为 2.42 和 2.44，系数分别为 0.298 和 0.297，都在 5%水平下显著）。当我们将涉案公司与非涉案公司一起进行回归时，从 Table B 可以看出，腐败案后，无论是否控制行业，涉案公司的自愿披露也有了显著提高（T 值分别为 3.11 和 3.02，系数分别为 0.364 和 0.360，都在 1%水平下显著）。

表 4-4　主要变量之间的相关系数

Table A 涉案公司与配对样本组的相关系数（样本量=780）

变量	*Ln*（*VDI*）	*Corrupt*	*Posta*	*Postb*	*Corrupt*×*Posta*	*Corrupt*×*Postb*	*SIZE*	*REV*	*ROA*	*GOA*	*TOP*	*CONTROL*
Ln（*VDI*）	1											
Corrupt	-0.052	1										
Posta	0.095 ***	0.000	1									
Postb	0.293 **	0.000	0.447 ***	1								
Corrupt×*Posta*	0.127 ***	0.302 ***	0.674 ***	0.302 ***	1							
Corrupt×*Postb*	0.190 ***	0.577 ***	0.258 ***	0.577 ***	0.522 ***	1						
SIZE	0.425 ***	0.021	0.005	0.104 ***	0.004	0.065 *	1					
REV	0.079 **	0.098 ***	0.028	0.026	0.050	0.055	0.057	1				
ROA	-0.088 **	0.052	-0.033	0.009	0.039	0.031	0.218 ***	0.047	1			
GOA	0.121 ***	-0.028	-0.045	0.030	-0.049	0.013	0.244 ***	-0.004	0.258 ***	1		
TOP	-0.126 ***	0.042	-0.054	-0.135 ***	-0.017	-0.043	0.261 ***	0.084 **	0.154 ***	0.167 ***	1	
CONTROL	-0.073 **	-0.098 ***	0.012	0.023	-0.016	-0.042	-0.023	-0.052	0.030	0.028	-0.169 ***	1

续表

Table B 涉案公司与非涉案公司的相关系数（样本量=732）

变量	*Ln*（*VDI*）	*Corrupt*	*Posta*	*Postb*	*Corrupt*×*Posta*	*Corrupt*×*Postb*	*SIZE*	*REV*	*ROA*	*GOA*	*TOP*	*CONTROL*
Ln（*VDI*）	1											
Corrupt	0.083**	1										
Posta	0.119***	0.000	1									
Postb	0.270***	0.000	0.447***	1								
Corrupt×*Posta*	0.169***	0.292***	0.698***	0.312***	1							
Corrupt×*Postb*	0.272***	0.564***	0.269***	0.603***	0.518***	1						
SIZE	0.416***	-0.049	0.001	0.079**	-0.016	0.021	1					
REV	0.127***	0.025	0.021	0.017	0.028	0.014	0.014	1				
ROA	-0.038	-0.013	0.021	0.076**	0.012	-0.007	0.093**	0.004	1			
GOA	0.110***	0.018	0.034	0.077**	-0.035	0.039	0.251***	-0.003	0.254***	1		
TOP	-0.140***	-0.008	-0.048	-0.125***	-0.033	-0.073**	0.364***	0.087**	0.070	0.160***	1	
CONTROL	-0.166***	-0.074**	-0.003	-0.027	-0.009	-0.028	-0.154***	-0.121***	-0.070*	-0.044	-0.286***	1

注：***、**、*分别表示1%、5%、10%水平下显著。

本书进一步将时间段拓展到腐败案前后三年，从 Table C 和 Table D 可以看出，腐败案后，无论是否控制行业和年度，无论是将涉案公司与配对样本还是和非涉案公司一起回归，涉案公司都会倾向于多披露信息（T 值分别为 2.72，2.75，2.70，3.50，3.44 和 3.51，系数分别为 0.184，0.186，0.185，0.246，0.244 和 0.250，都在 1%水平下显著）。以上实证结果都支持了本书的假设，当由于关系所带来的专有成本较高时，权衡披露收益和成本后，公司不愿意多披露信息，但是由于腐败官员被调查逮捕后，公司与政府官员之间的关系网络消失，相应的专有成本也会降低，所以此时公司会倾向于多披露信息。这表明，专有成本的确会对公司的自愿披露决策产生显著影响。

表 4-5　自愿披露回归分析结果

Table A：涉案公司与配对样本的回归分析结果（2005—2006 年）				
变量	*Dependent Variable*：*Ln*（*VDI*）			
	Coef.	*T*	*Coef.*	*T*
Corrupt	−0.073	−0.82	−0.071	−0.81
Posta	−0.022	−0.25	−0.023	−0.26
Corrupt×Posta	0.298**	2.42	0.297**	2.44
SIZE	0.177***	5.02	0.178***	5.33
ROA	−0.225	−0.45	−0.193	−0.40
REV	0.088**	2.20	0.063	1.83*
LEV	−0.099	−0.47	−0.086	−0.44
CFO	0.429	0.97	0.429	1.02
GOA	0.265*	1.92	0.272**	2.06
TOP	0.258	1.02	0.230	1.00
INST	0.111	0.30	0.119	0.34
MGROWN	0.716	1.26	0.671	1.23
CONTROL	0.002	0.04	0.001	0.02
DIRECTORS	0.005	0.16	0.001	0.02
INDRATIO	−0.400	−1.21	−0.389	−1.22
COMPEN	−0.011	−0.88	−0.010	−0.87

续表

变量	*Dependent Variable*：*Ln*（*VDI*）			
	Coef.	*T*	*Coef.*	*T*
COMMIT	0. 017	0. 27	0. 020	0. 31
行业	控制		未控制	
F 值	3. 15 ***		4. 50 ***	
调整后 R^2	0. 1658		0. 1868	
样本	260		260	
Table B：涉案公司与非涉案公司的回归分析结果（2005—2006 年）				
变量	*Dependent Variable*：*Ln*（*VDI*）			
	Coef.	*T*	*Coef.*	*T*
Corrupt	-0. 029	-0. 33	-0. 004	-0. 05
Posta	-0. 097	-1. 11	-0. 097	-1. 09
Corrupt×Posta	0. 364 ***	3. 11	0. 360 ***	3. 02
SIZE	0. 152 ***	5. 11	0. 126 ***	4. 46
ROA	0. 226	0. 50	0. 197	0. 47
REV	0. 064 *	1. 83	0. 082 **	2. 56
LEV	0. 003	0. 10	0. 003	0. 10
CFO	0. 267	0. 68	0. 159	0. 44
GOA	0. 008	0. 10	0. 027	0. 34
TOP	-0. 207	-0. 91	-0. 265	-1. 19
INST	-0. 586 **	-2. 00	-0. 723 **	-2. 55
MGROWN	1. 004	1. 52	0. 915	1. 36
CONTROL	-0. 095 ***	-2. 59	-0. 079 **	-2. 18
DIRECTORS	0. 022	0. 85	0. 036	1. 40
INDRATIO	0. 330	0. 93	0. 472	1. 32
COMPEN	0. 007	0. 57	0. 007	0. 58
COMMIT	0. 062	0. 99	0. 071	1. 14
行业	控制		未控制	
F 值	4. 64 ***		5. 29 ***	
调整后 R^2	0. 2642		0. 2307	
样本	244		244	

Table C：涉案公司与配对样本的回归分析结果（2003—2008 年）						
变量	*Dependent Variable*：*Ln*（*VDI*）					
	Coef.	*T*	*Coef.*	*T*	*Coef.*	*T*
Corrupt	−0.180***	−3.69	−0.186***	−3.83	−0.178***	−3.61
Postb	0.244***	3.28	0.243***	3.29	0.187***	3.66
Corrupt×*Postb*	0.184***	2.72	0.186***	2.75	0.185***	2.70
SIZE	0.184***	10.27	0.180***	10.44	0.188***	10.42
ROA	0.310	1.20	0.294	1.15	0.257	0.99
REV	0.020	0.84	0.028	1.33	0.022	0.91
LEV	0.070***	2.66	0.068***	2.61	0.068***	2.57
CFO	0.097	0.51	0.112	0.60	0.063	0.33
GOA	0.029	0.51	0.030	0.53	0.019	0.33
TOP	0.198	1.44	0.142	1.14	0.171	1.23
INST	−0.124	−0.63	−0.147	−0.76	−0.114	−0.57
MGROWN	−0.004	−0.35	−0.004	−0.32	−0.004	−0.30
CONTROL	−0.040*	−1.78	−0.045**	−2.05	−0.041*	−1.79
DIRECTORS	0.010	0.70	0.006	0.41	0.007	0.47
INDRATIO	−0.266	−1.64	−0.273*	−1.72	−0.259	−1.59
COMPEN	−0.006	−0.77	−0.006	−0.78	−0.007	−0.84
COMMIT	0.022	0.54	0.016	0.39	0.037	0.96
行业	控制		未控制		控制	
年度	控制		控制		未控制	
F 值	11.57***		15.24***		12.41***	
调整后 R^2	0.2754		0.2774		0.2601	
样本	780		780		780	

Table D：涉案公司与非涉案公司的回归分析结果（2003—2008 年）						
变量	*Dependent Variable*：*Ln*（*VDI*）					
	Coef.	*T*	*Coef.*	*T*	*Coef.*	*T*
Corrupt	−0.034	−0.66	−0.019	−0.37	−0.038	−0.72
Postb	−0.092	−1.24	−0.101	−1.35	0.097*	1.74

续表

变量	Dependent Variable：Ln（VDI）					
	Coef.	T	Coef.	T	Coef.	T
Corrupt×Postb	0.246***	3.50	0.244***	3.44	0.250***	3.51
SIZE	0.178***	10.47	0.169***	10.40	0.180***	10.42
ROA	-0.103	-0.67	-0.063	-0.41	-0.108	-0.69
REV	0.055**	2.41	0.065***	3.12	0.057**	2.47
LEV	0.025*	1.80	0.027**	1.98	0.024*	1.74
CFO	0.210	1.18	0.062	0.36	0.231	1.29
GOA	0.009	0.18	0.026	0.49	0.002	0.04
TOP	-0.099	-0.74	-0.145	-1.12	-0.132	-0.98
INST	-0.448**	-2.56	-0.572***	-3.41	-0.446**	-2.51
MGROWN	0.195	1.24	0.205	1.29	0.189	1.19
CONTROL	-0.068***	-3.24	-0.059***	-2.82	-0.071***	-3.34
DIRECTORS	0.026*	1.89	0.029**	2.10	0.022	1.60
INDRATIO	0.051	0.30	0.100	0.60	0.079	0.47
COMPEN	0.008	0.97	0.011	1.33	0.008	0.91
COMMIT	0.070	1.64	0.079*	1.86	0.066	1.61
行业	控制		未控制		控制	
年度	控制		控制		未控制	
F 值	13.15***		15.97***		13.98***	
调整后 R^2	0.3176		0.3007		0.2987	
样本	732		732		732	

注：*** 表示在1%水平下显著，** 表示在5%水平下显著，* 表示在10%水平下显著。

4.2.2.3 稳健性检验

（1）使用字数代替句子数。

虽然 Muslu 等（2014）、Bozzolan 等（2009）认为使用句子数要优于使用字数，但是单个文字作为最基本的原始单位应该还是能够在一定程度上反映自愿披露水平的高低。因此，本书又选择了 MD&A 中的字数来代替句子数，采用模型（4-1）进行了重新回归，详细结果见表 4-6。

表 4-6　使用字数代替句子数来衡量自愿披露的回归分析结果

Table A：涉案公司与配对样本的回归分析结果				
变量	*Dependent Variable*：*Ln*（*VDI*）			
	Coef.	*T*	*Coef.*	*T*
Corrupt	-0.060	-0.77	-0.109**	-2.53
Posta	-0.034	-0.45		
Corrupt×Posta	0.278**	2.58		
Postb			0.285***	4.37
Corrupt×Postb			0.152**	2.56
SIZE	0.177***	5.72	0.172***	10.92
ROA	-0.261	-0.60	0.229	1.01
REV	0.000	0.01	-0.002	-0.09
LEV	-0.089	-0.48	0.062***	2.67
CFO	0.293	0.75	0.139	0.84
GOA	0.140	1.16	0.084*	1.67
TOP	0.167	0.75	0.198	1.64
INST	-0.057	-0.18	-0.034	-0.19
MGROWN	0.606	1.21	-0.003	-0.23
CONTROL	-0.024	-0.66	-0.030	-1.52
DIRECTORS	-0.007	-0.28	0.006	0.49
INDRATIO	-0.556*	-1.92	-0.280*	-1.96
COMPEN	-0.008	-0.75	-0.009	-1.16
COMMIT	0.058	1.02	0.060*	1.70
行业	控制		控制	
年度			控制	
F 值	3.83***		14.14***	
调整后 R^2	0.2076		0.3208	
样本	260		780	

Table B：涉案公司与非涉案公司的回归分析结果				
变量	*Dependent Variable*：*Ln*（*VDI*）			
	Coef.	*T*	*Coef.*	*T*
Corrupt	-0.039	-0.49	-0.036	-0.83
Posta	-0.129	-1.64		

续表

变量	Dependent Variable: Ln (VDI)			
	Coef.	T	Coef.	T
Corrupt×Posta	0.373***	3.52		
Postb			-0.057	-0.90
Corrupt×Postb			0.260***	4.38
SIZE	0.177***	6.57	0.177***	12.29
ROA	0.310	0.75	-0.098	-0.74
REV	0.032	1.02	0.032*	1.66
LEV	0.021	0.74	0.021*	1.77
CFO	-0.042	-0.12	0.017	0.12
GOA	-0.009	-0.12	0.046	1.02
TOP	-0.123	-0.60	-0.060	-0.53
INST	-0.477*	-1.80	-0.241	-1.63
MGROWN	1.111*	1.86	0.141	1.06
CONTROL	-0.120***	-3.60	-0.086***	-4.81
DIRECTORS	0.004	0.18	0.014	1.22
INDRATIO	0.148	0.46	0.101	0.71
COMPEN	0.008	0.74	0.013*	1.90
COMMIT	0.031	0.54	0.035	0.97
行业	控制		控制	
年度			控制	
F值	6.36***		18.22***	
调整后 R^2	0.3462		0.3975	
样本	244		732	

注：*** 表示在1%水平下显著，** 表示在5%水平下显著，* 表示在10%水平下显著。

从表4-6可以看出，无论是将涉案公司与配对样本还是和非涉案公司一起回归，腐败案后，涉案公司都会倾向于多披露信息（T值分别为2.58、2.56、3.52和4.38，系数分别为0.278、0.152、0.373和0.260）。与采用句子数的回归结果基本一致。

（2）选择腐败案前后不同的时间段。

如果仅仅选择腐败案前后一年的时间段进行实证研究的话，有可能因为时间段较短导致偏差，若选择较长的时间段，同样可能产生偏差，比如在 2003 年涉案公司可能尚未与腐败案官员建立关系网络，也可能在 2008 年涉案公司与之前腐败案官员的关系网络被破坏，但与新的政府官员重新建立关系网络，这些行为都会影响其自愿披露。因此，本书又选择了将腐败案前后两年作为研究的时间段，并采用模型（4-1）重新进行了回归。详细结果见表4-7。

表 4-7　涉案公司、配对样本以及非涉案公司回归分析结果（2004—2007 年）

变量	涉案公司与配对样本		涉案公司与非涉案公司	
	Dependent Variable：*Ln*（*VDI*）			
	Coef.	*T*	*Coef.*	*T*
Corrupt	-0.130**	-2.16	-0.062	-1.00
Post	0.057	0.77	-0.103	-1.32
Corrupt×*Post*	0.210**	2.52	0.318***	3.81
SIZE	0.188***	8.17	0.175***	8.35
ROA	0.259	0.79	0.054	0.28
REV	0.013	0.44	0.050	1.85*v*
LEV	-0.006	-0.05	0.016	0.75
CFO	0.102	0.43	0.232	1.08
GOA	0.048	0.65	-0.003	-0.04
TOP	0.324	1.90*	-0.109	-0.68
INST	0.004	0.02	-0.572***	-2.73
MGROWN	0.009	0.17	0.817*	1.80
CONTROL	-0.026	-0.92	-0.075***	-3.02
DIRECTORS	-0.003	-0.16	0.018	1.02
INDRATIO	-0.589***	-2.83	0.080	0.37
COMPEN	-0.011	-1.24	-0.001	-0.14
COMMIT	0.016	0.34	0.048	1.00

续表

变量	涉案公司与配对样本		涉案公司与非涉案公司	
	Dependent Variable：*Ln*（*VDI*）			
	Coef.	*T*	*Coef.*	*T*
行业	控制		控制	
年度	控制		控制	
F 值	8.44***		10.05***	
调整后 R^2	0.2710		0.3258	
样本	520		488	

注：*** 表示在 1%水平下显著，** 表示在 5%水平下显著，* 表示在 10%水平下显著。

从表 4-7 可以看出，即使我们将时间段选择为 2004—2007 年，无论是将涉案公司与配对样本还是和非涉案公司一起回归，腐败案后，涉案公司都会倾向于多披露信息（T 值分别为 2.52 和 3.81，系数分别为 0.210 和 0.318）。与采用腐败案前后 1 年和 3 年的回归结果基本一致。

（3）选择最容易暴露关系网络的自愿披露内容。

由于董事会报告中包含了大量不同类型的自愿披露内容，而不同类型的披露内容暴露关系的概率并不完全相同，有的披露内容如营业收入等财务指标的变动及变动原因分析不太容易暴露公司所拥有的关系网络，还有一些披露内容如投资项目、特许经营权等则很容易暴露公司拥有的关系网络。比如在上海腐败案中的涉案公司之所以能获得投资项目并得到腐败官员的支持，项目资金来源于违规使用社保基金。如果公司详细披露投资项目的情况，就很容易暴露幕后的关系网络。因此，本书仅选择了那些有可能暴露关系网络的信息作为自愿披露的替代变量。详细结果见表 4-8。

表 4-8 选择更容易暴露关系网络的信息作为自愿披露替代变量

Table A：涉案公司与配对样本的回归分析结果				
变量	*Dependent Variable*：*Ln*（*VDI*）			
	Coef.	*T*	*Coef.*	*T*
Corrupt	−0.036	−0.42	−0.168***	−3.48
Posta	−0.092	−1.09		

续表

变量	*Dependent Variable*：*Ln*（*VDI*）			
	Coef.	*T*	*Coef.*	*T*
Corrupt×Posta	0. 427 ***	3. 61		
Postb			0. 248 ***	3. 37
Corrupt×Postb			0. 235 ***	3. 50
SIZE	0. 146 ***	4. 31	0. 171 ***	9. 61
ROA	−0. 417	−0. 87	0. 238	0. 93
REV	0. 014	0. 36	0. 012	0. 51
LEV	−0. 159	−0. 78	0. 061 **	2. 35
CFO	0. 538	1. 26	0. 187	0. 99
GOA	0. 193	1. 46	0. 041	0. 72
TOP	0. 332	1. 36	0. 265 *	1. 95
INST	0. 197	0. 56	−0. 088	−0. 45
MGROWN	0. 745	1. 36	−0. 004	−0. 31
CONTROL	0. 021	0. 53	−0. 029	−1. 30
DIRECTORS	0. 015	0. 53	0. 013	0. 90
INDRATIO	−0. 385	−1. 21	−0. 265	−1. 64
COMPEN	0. 001	0. 08	0. 000	0. 02
COMMIT	−0. 010	−0. 17	0. 014	0. 34
行业	控制		控制	
年度			控制	
F 值	3. 24 ***		12. 00 ***	
调整后 R^2	0. 1718		0. 2834	
样本	260		780	

Table B：涉案公司与非涉案公司的回归分析结果

变量	*Dependent Variable*：*Ln*（*VDI*）			
	Coef.	*T*	*Coef.*	*T*
Corrupt	−0. 029	−0. 35	−0. 033	−0. 65
Posta	−0. 132	−1. 58		

续表

变量	*Dependent Variable*：*Ln*（*VDI*）			
	Coef.	*T*	*Coef.*	*T*
Corrupt×Posta	0.482***	4.28		
Postb			−0.105	−1.44
Corrupt×Postb			0.290***	4.18
SIZE	0.134***	4.71	0.168***	9.99
ROA	−0.086	−0.20	−0.108	−0.71
REV	0.043	1.29	0.038*	1.68
LEV	−0.012	−0.39	0.022	1.58
CFO	0.373	0.99	0.239	1.36
GOA	0.044	0.58	0.015	0.29
TOP	−0.166	−0.76	−0.006	−0.05
INST	−0.432	−1.53	−0.342**	−1.98
MGROWN	0.939	1.48	0.175	1.13
CONTROL	−0.058*	−1.65	−0.028	−1.35
DIRECTORS	0.023	0.94	0.027**	2.00
INDRATIO	0.138	0.40	−0.021	−0.13
COMPEN	0.020*	1.81	0.014*	1.75
COMMIT	0.043	0.72	0.065	1.55
行业	控制		控制	
年度			控制	
F值	5.02***		13.34***	
调整后 R^2	0.2841		0.3209	
样本	244		732	

注：*** 表示在1%水平下显著，** 表示在5%水平下显著，* 表示在10%水平下显著。

从表4-8可以看出，无论是将涉案公司与配对样本还是和非涉案公司一起回归，腐败案后，涉案公司都会倾向于多披露信息（T值分别为3.61，3.50，4.28和4.18，系数分别为0.427，0.235，0.482和0.290）。并且通过与全部MD&A中的信息相比，仅仅选择敏感信息作为自愿披露替代变量的T值和系数更高（T值：2.42 vs 3.61；2.72 vs 3.50；3.11 vs 4.28；3.50 vs

4.18；系数：0.298 vs 0.427；0.184 vs 0.235；0.364 vs 0.482；0.246 vs 0.290）。说明由于这部分信息更容易暴露关系，涉案公司在腐败案前后对于此类信息的披露政策受到专有成本的更大影响。

（4）采用打分法来衡量自愿披露水平。

本书选择了打分法来衡量非财务信息的自愿披露。详细的披露指标情况见表 4-9。然后我们采用模型（4-1）进行了重新回归，详细结果见表 4-10。

表 4-9　自愿披露指标体系

指标内容	评分标准
是否披露了经营风险	披露得 1 分，未披露得 0 分
是否披露了经营风险的应对措施	披露得 1 分，未披露得 0 分
是否披露了财务风险	披露得 1 分，未披露得 0 分
是否披露了财务风险的应对措施	披露得 1 分，未披露得 0 分
是否披露了公司主要客户的名称及采购金额占年度总采购金额的比例	披露得 1 分，未披露得 0 分
是否披露了公司主要供应商的名称及购买金额占年度总购买金额的比例	披露得 1 分，未披露得 0 分
是否披露了公司的主要订单获取情况	披露得 1 分，未披露得 0 分
是否披露了行业整体竞争情况	披露得 1 分，未披露得 0 分
是否披露了公司在行业中的市场份额	披露得 1 分，未披露得 0 分
是否披露了公司市场份额变动及原因分析	披露得 1 分，未披露得 0 分
是否披露了公司产品的积压情况	披露得 1 分，未披露得 0 分
是否披露了公司的竞争优势	披露得 1 分，未披露得 0 分
是否披露了公司的竞争劣势	披露得 1 分，未披露得 0 分
是否披露了公司弥补竞争劣势的应对措施	披露得 1 分，未披露得 0 分
是否披露了主要竞争对手	披露得 1 分，未披露得 0 分
是否披露了竞争对手的实力分析	披露得 1 分，未披露得 0 分
是否披露了公司主要产品或服务的基本特征	披露得 1 分，未披露得 0 分
是否披露了公司主要产品或服务的目标市场	披露得 1 分，未披露得 0 分
是否披露了拟开发的新产品或服务的基本特征	披露得 1 分，未披露得 0 分
是否披露了拟开发的新产品或服务的目标市场	披露得 1 分，未披露得 0 分

续表

指标内容	评分标准
是否披露了拟开发的新产品或服务的开发进度	披露得1分，未披露得0分
是否披露了拟开发的新产品或服务对未来业绩的影响	披露得1分，未披露得0分
是否披露了拟开发的新产品或服务的困难	披露得1分，未披露得0分
是否披露了拟开发的新产品或服务困难的应对措施	披露得1分，未披露得0分
是否披露了公司正在投资项目的资金来源	披露得1分，未披露得0分
是否披露了公司正在投资项目资金的资本成本	披露得1分，未披露得0分
是否披露了公司正在投资项目资金的使用情况	披露得1分，未披露得0分
是否披露了公司正在投资项目的进度	披露得1分，未披露得0分
是否披露了公司正在投资项目对未来业绩的影响	披露得1分，未披露得0分
是否披露了公司正在投资项目的困难	披露得1分，未披露得0分
是否披露了公司正在投资项目困难的应对措施	披露得1分，未披露得0分
是否披露了公司拟投资项目的资金来源	披露得1分，未披露得0分
是否披露了公司拟投资项目资金的资本成本	披露得1分，未披露得0分
是否披露了公司拟投资项目预计资金使用情况	披露得1分，未披露得0分
是否披露了公司拟投资项目的开发规划	披露得1分，未披露得0分
是否披露了公司拟投资项目对未来业绩的影响	披露得1分，未披露得0分
是否披露了公司拟投资项目的困难	披露得1分，未披露得0分
是否披露了公司拟投资项目困难的应对措施	披露得1分，未披露得0分
是否披露了主要子公司的业务性质	披露得1分，未披露得0分
是否披露了主要子公司的业绩分析	披露得1分，未披露得0分
是否披露了主要子公司的重大投资项目	披露得1分，未披露得0分
是否披露了本年度处置子公司的情况	披露得1分，未披露得0分
是否披露了本年度取得子公司的情况	披露得1分，未披露得0分
是否披露了公司已经获取的特殊经营权	披露得1分，未披露得0分
是否披露了公司获取特殊经营权的原因	披露得1分，未披露得0分
是否披露了公司特殊经营权对业绩的影响	披露得1分，未披露得0分
是否披露了公司获取政府补助的原因	披露得1分，未披露得0分
是否披露了公司获取政府补助对业绩的影响	披露得1分，未披露得0分

续表

指标内容	评分标准
是否披露了公司下一年度的经营目标	披露得 1 分，未披露得 0 分
是否披露了公司下一年度的经营计划	披露得 1 分，未披露得 0 分
是否披露了公司为达到预定目标采取的策略或行动	披露得 1 分，未披露得 0 分
是否披露了公司未来几年内的战略	披露得 1 分，未披露得 0 分
是否披露了公司实现战略目标的时间规划	披露得 1 分，未披露得 0 分
是否披露了哪些因素有助于顺利实现战略目标	披露得 1 分，未披露得 0 分
是否披露了实现战略目标的困难	披露得 1 分，未披露得 0 分
是否披露了实现战略目标困难的应对措施	披露得 1 分，未披露得 0 分
是否披露了公司战略目标对现在业绩的影响	披露得 1 分，未披露得 0 分
是否披露了公司战略目标对未来业绩的影响	披露得 1 分，未披露得 0 分

表 4-10　使用打分法来衡量自愿披露后的回归分析结果

Table A：涉案公司与配对样本的回归分析结果				
变量	*Dependent Variable*：*VDI*			
	Coef.	*T*	*Coef.*	*T*
Corrupt	−0. 001	−0. 09	−0. 008 **	−2. 30
Posta	−0. 005	−0. 86		
Corrupt×Posta	0. 027 ***	3. 09		
Postb			0. 025 ***	4. 56
Corrupt×Postb			0. 015 ***	2. 95
SIZE	0. 014 ***	5. 68	0. 014 ***	11. 05
ROA	−0. 034	−0. 98	0. 015	0. 80
REV	−0. 001	−0. 27	0. 000	−0. 21
LEV	−0. 009	−0. 60	0. 005 **	2. 53
CFO	0. 031	1. 00	0. 015	1. 12
GOA	0. 016 *	1. 65	0. 008 *	1. 86
TOP	0. 017	0. 95	0. 020 **	1. 98
INST	0. 001	0. 05	0. 001	0. 08

续表

变量	Dependent Variable：VDI			
	Coef.	T	Coef.	T
MGROWN	0.056	1.39	-0.001	-0.29
CONTROL	0.000	-0.09	-0.002	-1.15
DIRECTORS	0.000	-0.08	0.001	0.65
INDRATIO	-0.043*	-1.83	-0.022*	-1.85
COMPEN	0.000	-0.30	-0.001	-0.90
COMMIT	0.005	1.00	0.005	1.60
行业	控制		控制	
年度			控制	
F 值	4.11***		15.12***	
调整后 R^2	0.2237		0.3367	
样本	260		780	

Table B：涉案公司与非涉案公司的回归分析结果

变量	Dependent Variable：VDI			
	Coef.	T	Coef.	T
Corrupt	0.000	0.02	-0.002	-0.49
Posta	-0.012*	-1.91		
Corrupt×Posta	0.034***	3.92		
Postb			-0.006	-1.17
Corrupt×Postb			0.023***	4.65
SIZE	0.015***	6.64	0.015***	12.46
ROA	0.011	0.34	-0.008	-0.75
REV	0.002	0.60	0.002	1.28
LEV	0.001	0.58	0.002*	1.87
CFO	-0.001	-0.03	0.002	0.13
GOA	0.002	0.27	0.004	1.16
TOP	-0.010	-0.62	-0.002	-0.18
INST	-0.032	-1.49	-0.015	-1.26
MGROWN	0.095*	1.94	0.011	1.04
CONTROL	-0.008***	-2.85	-0.005***	-3.53

续表

变量	Dependent Variable: VDI			
	Coef.	*T*	*Coef.*	*T*
DIRECTORS	0.001	0.29	0.001	1.41
INDRATIO	0.010	0.38	0.006	0.53
COMPEN	0.001	1.29	0.001**	2.14
COMMIT	0.002	0.45	0.003	0.88
行业	控制		控制	
年度			控制	
F 值	6.75***		19.07***	
调整后 R^2	0.3623		0.4090	
样本	244		732	

注：*** 表示在 1%水平下显著，** 表示在 5%水平下显著，* 表示在 10%水平下显著。

从表 4-10 可以看出，无论是将涉案公司与配对样本还是和非涉案公司一起回归，腐败案后，涉案公司都会倾向于多披露信息（T 值分别为 3.09、2.95、3.92 和 4.65，系数分别为 0.027、0.015、0.034 和 0.023）。与采用句子数作为自愿披露替代变量的回归结果基本一致。

4.3　本章小结

如何验证专有成本动机假说是近年来研究自愿披露动机文献的一个热点问题。而以往大多数的文献都是从市场竞争的角度验证这种假说，但是不同学者提供的经验证据并不一致，也无法将专有成本与代理成本相区分，更有学者对于如何衡量市场竞争也提出了异议，因此从市场竞争的角度来验证专有成本动机假说并非很好的选择（Beyer et al.，2010）。中国的特殊制度背景及上海市社保基金腐败案的爆发，为从另一个角度验证专有成本动机假说提供了“a unique natural experiment”。中国的市场交易更依赖于关系，与政府官员之间的关系网络成为公司的核心竞争要素，关系具有隐蔽性的特点，但是一旦披露太多的信息，竞争者就有可能通过公司披露的详细信息觉察到公司的关系网络，从而可以复制或利用这种关系而不利于关系网络的稳定和长久

（卢现祥，2003），或者与别人分享相同的关系网络而影响关系的最终效用。因此，由关系所导致的披露成本成了公司重要的专有成本。本书通过选择上海社保基金腐败案中的涉案公司为研究样本，发现无论是与配对样本相比还是与上海市的非涉案公司相比，腐败案后，涉案公司的非财务信息自愿披露水平都有了显著提高，并且当我们选择不同的时间段包括腐败案前后 1 年、2 年和 3 年，以及选择不同的非财务信息自愿披露替代变量时，结果并未发生显著变化。本书的研究结论表明，公司的非财务信息自愿披露行为确实受到了专有成本的影响，当专有成本较高时，非财务信息自愿披露会较低，但是当专有成本降低时，非财务信息自愿披露相应也有了明显的提高。

第 3 篇
前瞻性非财务信息披露的经济后果

第5章　前瞻性非财务信息、信息不对称与企业投资效率

5.1　前瞻性非财务信息与企业投资效率

5.1.1　理论分析与研究假设

5.1.1.1　上市公司非财务信息自愿披露动机的理论分析

随着投资者对企业信息需求的不断增长，传统的财务信息报告已经难以满足其投资决策的需要，所以美国财务会计准则委员会（Financial Accounting Standards Board，FASB）、美国注册会计师协会（American Institute of Certified Public Account，AICPA）、加拿大特许会计师协会（Canadian Institute of Chartered Accountants，CICA）等西方国家的相关机构积极鼓励上市公司披露更多能体现未来发展前景的非财务信息。与国外类似，中国证监会、上海证券交易所等相关机构也不断出台各种规章制度和文件，鼓励上市公司披露更多与未来发展前景相关的非财务信息。

从近年来我国相关政府机构颁布的法规来看，虽然有关未来发展前景的非财务信息有从自愿披露向强制披露转变的趋势，但就目前而言，我国政府和相关机构更多是对大多数此类信息的披露进行原则上的指导，并没有颁布和实施详细的披露准则或指引，比如证监会只是要求上市公司披露拟开展的新业务、拟开发的新产品、拟投资的新项目等信息，但是更加详细的内容如新产品或新业务的特征、目标市场、对未来业绩影响等仍由上市公司管理者自由掌握，所以大多数的此类信息应该属于自愿披露的范畴或形式上强制披露，但实质上仍属于自愿披露。此类非财务信息能否缓解公司内部管理者与外部投资者之间的信息不对称、提高市场资源配置效率与信息质量存在密切

关系，而信息质量在很大程度上受到披露动机的影响。

根据先前的文献综述可知，自愿披露动机从质量角度可以分为信息观与机会主义观。根据信息观，管理层会愿意披露有价值信息以缓解公司与外部投资者的信息不对称。有价值的信息披露可以解决信息不对称引起的逆向选择问题，从而避免公司价值被低估，进而有助于降低融资成本（Grossman and Hart，1980；Grossman，1981；Milgrom，1981；Welker，1995；Healy et al.，1999；Botosan and Harris，2000；Dhaliwal et al.，2011，2012）。与财务信息相比，此类非财务信息在相关性和及时性方面更加突出，所以当其质量较高时，投资者可以详细了解公司的未来发展趋势，从而更加准确地预测公司收入、业绩等关键指标，进而更加准确地判断公司未来价值，有利于提高投资者决策的准确性。由此高质量的非财务信息可以提高资本市场的资源配置效率，使得公司能够获得更接近于公司所需的最优融资额，从而既能保障高收益项目的实施，缓解投资不足，同时也可以避免过度投资，最终提高企业投资效率。然而，机会主义观认为披露的信息不一定具有信息含量，甚至为了追求自己的私有受益，管理者会故意进行虚假陈述。在英美等成熟市场，信息观为大多数人所认同，但是我国新兴市场的特殊制度背景下，自愿披露动机很可能有所不同。

首先，我国法律制度建设较为滞后，很难及时发现各种披露违规行为并给予恰当处罚，对管理者的虚假陈述行为威慑力不足，在严惩机会行为者、保护中小股东利益方面执行力度不够（张宗新和朱伟骅，2007；刘峰等，2007）。近年来我国在证券立法方面有了长足的进步。2002 年，最高人民法院下发了《关于受理证券市场因虚假陈述引发的民事侵权纠纷案件有关问题的通知》，2003 年又颁布实施了《最高人民法院关于审理证券市场因虚假陈述引发的民事赔偿案件的若干规定》，人民法院受理和审理证券市场虚假陈述案件有了系统、综合的法律依据及司法解释。虽然近年来我国证券立法不断完善，但是在实际运行中还存在以下缺陷：一是很难界定虚假陈述与损害结果之间的因果关系。上市公司多以系统风险为抗辩理由降低或者免除民事赔偿。二是虚假陈述揭露日制定存在争议。按照《最高人民法院关于审理证券市场因虚假陈述引发的民事赔偿案件的若干规定》第二十条第二款“虚假陈述揭露日，是指虚假陈述在全国范围发行或者播放的报刊、电台、电视台等媒体上，首次被公开揭露之日”。然而由于媒体众多，投资者很难及时了解到上市公司虚假陈述行为已经被揭露，在现实案例中，被告上市公司往往举出大量相关的媒体报道，以证明虚假陈述在证监会对其涉嫌违反证券法规进行立案调查前已被公开揭露，从而达到减少赔偿额的目的（陈亮，2007）。三是要求“谁主张、谁举证”，提高了处于信息劣势的中小股东的维权成本。即使维权成功，也只能获得实际损害的赔偿，并没有对上市公司施加惩罚性赔偿，如 ST 嘉宝案 6 名股东仅仅获得了 61973 元的赔偿，获赔率只有 32.28%。这就说明对上市公司因为虚假陈述提起法律诉讼威慑力不足，管理者提供虚假披露法律风险较低，我国法律制度在严惩机会行为者、保护中小股东利益方面力度不够（刘峰等，2004，2007）。

其次，由于法律存在固有的不完备性，在保护投资者利益方面不可能做到尽善尽美（Pistor and Xu，2002），并且建立成熟的法律体系需要较长时间，因此就可能产生其他替代机制（La Porta et al.，2000），学者讨论更多地集中于政府管制（陈冬华等，2008），并且在某种情形下，政府管制可能比法律更有效（Glaeser and Shleife，2001），尤其是在中国（Chen et al.，2005）。政府监管是否有效，在理论存在很大争议。根据公共利益理论，监管者的个人素质和道德修养是高尚的，能够公正、不偏不倚并且无成本运用监管工具，因此政府可以通过监管来纠正市场失灵。芝加哥大学法与经济学派强烈地抨击了这一理论，他们认为政府监管者是不胜任的、腐败的和容易被俘获的（Shleifer，2005）。在此基础上，Stigler（1971）、Peltzman（1976）提出了规制俘获理论，认为监管者可能被被监管者所俘获，不但不能保证社会福利的最大化，反而沦为保护个别利益集团的制度守护者，并且即使监管者真的想提高公共利益，他们也是不胜任的，因而很难成功。

对于我国证券监管是否有效，国内学者并未达成共识。陈冬华等（2008）认为“清晰的绩效指标、业绩归属和责任边界，使得证券监管机构在避免公司丑闻方面，与中小投资者的利益几乎一致”“丑闻不断的市场也会降低证券监管机构的声誉，甚至影响主要官员的仕途”。Chen 等（2005）通过研究发现被证监会调查处罚的公司，市场反应显著为负，说明中国证监会是一只有牙齿的老虎。然而有学者对于选择违规处罚公司来验证监管的有效性提出质疑，他们认为这类公司往往都是因为“影响太恶劣或手段过于明显”才被监管层所关注（刘峰等，2004），所以尽管证券处罚信息具有明显的信息含量，监管部门对各种证券违法违规行为仍缺乏必要的监督和约束，威慑效应不足（张宗新和朱伟骅，2007）。并且我国的产权制度安排和客观环境更容易使得监管者被“俘获”，造成监管的软约束：一方面，我国国有企业普遍存在着战略性和社会性两种政策负担，使得企业投资于不符合经济中的比较优势项目，并且承担了过多的社会职能。为了让这些国有企业继续生存下去，政府不得不对其进行保护（林毅夫和李志赟，2004）。因此，监管机构在一定程度上自觉或不自觉地扮演了国有产权主体或代理人的角色，导致监管者角色错位，监管缺乏权威性和执法自觉性，制约了监管体系功效的发挥，并且地方政府为了实现当地经济的发展，不仅怠于履行管理职责，甚至利用自身的特殊地位干扰证券监管部门的调查与处罚行为，制约了监管功效的发挥。另一方面，由于历史渊源和制度结构的特点，监管部门成为券商、基金公司重要的人才输送地，监管层和业界人员存在密切的“合作关系”（罗培新，2005），这种人际关系造成了监管者与证券业界内生的张力较小，阻碍了监管目标的实现（岳彩申和王俊，2006）。

综上所述，在我国新兴市场的特殊制度背景下，法律制度尚不完善，监管时效性差，多以广大公众投资者权益损失为代价的事后监管为主，监管效率并不是最优的（张宗新和朱伟骅，2007）。在这种环境下，出于利用披露信号显示作用的目的，管理者可能有选择性地，甚至虚假地披露信息以便迷惑市场和投资者，从而可以更方便地享受控制权私有收益（唐跃军等，2008）。近年来发生的一系列信息披露违规案例表明，我国上市公司的披露质量并不乐观。一些上市公司出于利己主义，更倾向于披露对其有利的信息，而对“坏消息”却三缄其口、默不作声，更有上市公司故意披露一些没有充分可行度，希望靠投资者的“人气”助其成功的“诱导性”信息（何卫东，2003）。比如 2007 年中国资本市场上有名的杭萧钢构虚假陈述案，管理者只披露了公司将拟投资于非洲安哥拉的住宅项目，合同总金额高达 344 亿元人民币，对于合同项目可能存在的风险却未进行充分披露。程新生等（2013）直接检验了前瞻性非财务信息与信息不对称之间的关系，其实证结果也表明我国上市公司自愿披露的有关未来发展前景的非财务信息不但没有起到缓解管理者与外部投资者之间信息不对称的作用，反而使得信息不对称更加严重。

Bujaki 等（1999）、Lang 和 Lundholm（2000）、Clatworthy 和 Jones（2003）分别以加拿大、美国、英国等国的上市公司为研究样本，在管理者披露的非财务信息中，好消息的数量要明显多于坏消息，并且总是把出现好消息的原因归结为管理者自己的努力工作，而把坏消息归结为外部环境变化等与己不相关的因素。本书通过查找大量上市公司年报和临时公告，发现我国的上市公司基本上也与上述学者的研究结果相一致，对于未来发展前景信息的披露也主要以好消息明显多于坏消息，并且存在严重的“揽功卸责”现象，即使公司的未来实际绩效出现明显下降，这种现象也同样非常严重。对于那些发展前景良好的公司而言，好消息多于坏消息属于正常范畴，但是如果未来发展前景较差的公司也同样披露了更多的好消息，则很可能就是管理者有意选择性地，甚至是虚假地披露的结果，这正是自愿披露动机机会主义观的一种表现。

5.1.1.2　非财务信息对投资效率影响的理论分析与研究假设

根据 Akerlof（1970）提出的著名“柠檬市场”问题，由于外部投资者和内部管理者之间存在着信息不对称，所以投资者并不能准确判断公司价值，因此只能按照市场的平均价格进行估价，由此导致那些优质公司的价值被低估而劣质公司的价值被高估，从而严重损害了市场的资源配置效率。为了避免这种“柠檬”效应，优质公司增加信息披露以实现同其他公司相分离被认为是一个有效的解决手段（Grossman and Hart，1980；Grossman，1981；Milgrom，1981）。根据以往研究文献，自愿披露有三种途径可以降低融资成本、缓解融资约束：一是提高股票流动性，降低交易成本（Glosten and Milgrom，1985；Diamond and Verrecchia，1991）；二是降低投资者的预测风险，从而使其由于不确定性而要求的风险补偿下降（Klein and Bawa，1976；Clarkson，1996）；三是公司披露更多的信息有助于赢得市场的正面形象，提高声誉（Lunawat，2009；Dhaliwal et al.，2011；何贤杰等，2012），而良好的声誉可以帮助企业获得更多的融资额度和更低的融资成本（Goss et al.，2011；叶康涛等，2010；何贤杰等，2012）。大量的经验证据表明公司增加自愿披露的确可以降低融资成本、缓解融资约束。如 Botosan（1997）采用自建的披露指标体系发现对于财务分析师关注较少的公司，年报中自愿披露数量越多，股权融资成本越低，Sengupta（1998）则发现公司增加披露也可以显著降低债务融资成本。国内方面，汪炜和蒋高峰（2004）使用临时公告与季报数量测度自愿披露，同样发现自愿披露与股权融资成本显著负相关。沈洪涛等（2010）的实证结果表明，我国重污染行业上市公司披露的环境方面的非财务信息越多，股权融资成本越低。何贤杰等（2012）则发现有关社会责任方面的非财务信息的披露可以缓解融资约束，并且社会责任报告的质量越高，缓解融资约束的作用也越强。

然而，公司并非只有披露高质量的信息才可以降低融资成本、缓解融资约束，通过第 2 章文献综述可知，当市场监管能力有限、投资者不能准确辨别披露信息质量时，劣质公司也可以披露低质量的信息来混同于优质公司，从而达到迷惑投资者、提高股票薪酬、缓解融资约束的目的（Lang and Lundholm，2000；Merkl-Davies and Brennan，2007；Li，2008；Kothari et al.，2009）。因此，在我国自愿披露机会主义动机比较普遍的情况下，上市公司披露的未来发展前景的非财务信息能够在多大程度上影响市场资源配置取决于两个因素：一是披露的信息能够在多大程度上被投资者信任；二是披露的信息是否可以为投资者预测公司未来绩效和公司价值提供相关性信息。公司传统的财务信息主要是企业经营情况的“历史图像”，大量未来发展前景的信息由于不符合会计确认条件而无法通过传统的财务报告传递给投资者，而有关未来发展前景的非财务信息则可以在一定程度上弥补这种缺陷。比如公司披露一些正在进行的投资项目的实施前景、拟投资项目、竞争优势、研发计划、行业发展趋势等信息与公司未来的收入、成本、现金流和业绩等具有密切联系，有助于投资者了解公司未来发展前景及评估公司预期价值，因此未来发展前景的非财务信息可以为投资者决策提供相关性信息。通过前文描述可知，在我国新兴市场的特殊制度环境下，法律制度和监管体系比较薄弱，投资者治理能力较低，因此市场参与者可能很难准确辨别管理者披露信息的质量，难以及时发现各种违规披露行为并给予恰当惩罚。在这种情况下，管理者通过披露大量乐观的非财务信息，可以提升投资者对公司未来发展前景的信心，吸引投资者，进而降低公司融资成本或减少融资约束程度。因此，低质量的非财务信息就很可能扭曲市场资源配置，使那些披露了数量较多但低质量非财务信息的公司也能够获得更多的市场资源甚至超过本身所需的最优融资额。

大量国外文献发现当公司拥有更多资源时，为了自己的私人收益，比如个人威望、权力、地位和在职消费等，公司管理者倾向于扩大投资规模，建造“商业帝国”，从而导致大量非效率投资（Jensen and Stulz，1985；Jensen，1986；Stein，2003；Hope and Thomas，2008）。这种现象在中国新兴市场的制度背景下更加严重：一方面，由于我国并不存在完善的经理人市场，针对经理人有效的激励和约束机制并没有普遍建立，内部人控制现象非常严重，所以在机会主义动机作用下如规模扩张可以获取更多的在职消费及其他的隐性激励（魏明海和柳建华，2007）；公司管理者便有动力和能力利用企业超额资源进行过度投资，建造“商业帝国”（唐雪松等，2007）；并且我国高度集中的股权结构也导致大股东有动力和能力通过在公司的投资项目决策中以内部关联交易、转移定价、贷款担保、资产回购等过度投资方式扭曲公司的投资活动来享受控制权私有收益（Dyck and Zingales，2004）。另一方面，由于我国上市公司主要由国企改制而来，为了维护公有制经济的主体地位，国有上市公司在改制的过程中往往采用政府绝对控股或相对控股的股权结构模式。绝大多数国企经营者的任免权仍由各级政府部门控制，导致国企经营者更多对决定自己任免资格的政府部门负责，进而使得国企的经营行为受到了政府目标的影响，如增加就业岗位、稳定社会环境、投资新兴产业、增加当地的税收、促进 GDP 的增长等，而企业规模的扩张恰好能在很大程度上满足政府的这些需求（魏明海和柳建华，2007；杨华军和胡奕明，2007；程仲鸣等，2008；张洪辉和王宗军，2010）。因此，当低质量的非财务信息使得公司缓解了融资约束，获取了超额市场资源后，管理者首先可能选择投资于那些净现值为正的投资项目，从而可以避免投资不足，但是在本身利益驱动和外部政府干预的压力下，公司管理者就可能继续扩大投资规模，投资于那些净现值为负的项目，从而容易导致过度投资，最终损害了投资效率。

综上所述，在我国新兴市场的特殊制度环境下，投资者辨别信息质量能力较差，低质量的非财务信息很可能也可以赢得投资者信任，从而缓解融资约束，使得公司可以获得自身所需的超额市场资源，进而在自身利益驱动或外部政府干预等压力下，管理者就很有可能扩大投资规模，虽然这种行为能够缓解投资不足，但是也非常容易导致过度投资，造成企业投资效率偏离最优水平。由此本书提出以下假设：

H1：在其他条件不变的情况下，上市公司自愿披露的有关未来发展前景的非财务信息与融资约束显著负相关。

H2：在其他条件不变的情况下，上市公司自愿披露的有关未来发展前景的非财务信息可以缓解投资不足，但是也会导致过度投资。

5.1.2 研究设计与实证检验

5.1.2.1 研究设计

（1）变量设计。

①上市公司前瞻性非财务信息披露。

本书根据 AICPA（1994）、CICA（2001）、ICAEW（2003）对于未来发展前景信息的披露指引并结合南开大学中国公司治理研究院对我国上市公司信息披露具体项目的评价，使用打分法来衡量非财务信息，主要从公司新产品或新服务、公司投资项目、公司未来发展战略、公司创新、公司竞争优势和劣势分析、行业发展趋势等 6 个方面对上市公司自愿披露的有关未来发展前景的非财务信息进行打分，根据披露的详细程度不同给予恰当的得分，最后将上市公司自愿披露的未来发展前景的非财务信息水平定义为：

$$VDNF = \frac{\sum \text{各自愿披露的非财务信息项目分值}}{\text{非财务信息自愿披露的项目总数}}$$

详细的指标体系以及打分标准见表 5-1。

表 5-1　上市公司自愿披露的未来发展前景的非财务信息指标体系

序号	公司新产品或新服务	
	指标内容	评分标准
1	是否披露了拟开发的新产品或服务的基本特征	披露得 1 分，未披露得 0 分
2	是否披露了拟开发的新产品或服务的目标市场	披露得 1 分，未披露得 0 分
3	是否披露了拟开发的新产品或服务的开发进度	披露得 1 分，未披露得 0 分
4	是否披露了拟开发的新产品或服务对未来业绩的影响	披露得 1 分，未披露得 0 分
5	是否披露了拟开发的新产品或服务的困难	披露得 1 分，未披露得 0 分
6	是否披露了拟开发的新产品或服务困难的应对措施	披露得 1 分，未披露得 0 分
7	是否披露了公司正在投资项目的未来资金需求	披露得 1 分，未披露得 0 分
8	是否披露了公司正在投资项目的未来开发规划或预期进度	披露得 1 分，未披露得 0 分
9	是否披露了公司正在投资项目对未来业绩的影响	披露得 1 分，未披露得 0 分
10	是否披露了公司正在投资项目的未来可能遇到的困难	披露得 1 分，未披露得 0 分
11	是否披露了公司正在投资项目的未来可能遇到困难的应对措施	披露得 1 分，未披露得 0 分
12	是否披露了公司拟投资项目的资金需求计划	披露得 1 分，未披露得 0 分
13	是否披露了公司拟投资项目资金的预计使用情况	披露得 1 分，未披露得 0 分
14	是否披露了公司拟投资项目的开发规划或预期进度	披露得 1 分，未披露得 0 分
15	是否披露了公司拟投资项目对未来业绩的影响	披露得 1 分，未披露得 0 分
16	是否披露了公司拟投资项目的困难	披露得 1 分，未披露得 0 分
17	是否披露了公司拟投资项目困难的应对措施	披露得 1 分，未披露得 0 分
18	是否披露了公司未来几年内的战略	披露得 1 分，未披露得 0 分
19	是否披露了公司实现战略目标的时间规划	披露得 1 分，未披露得 0 分
20	是否披露了哪些因素有助于顺利实现战略目标	披露得 1 分，未披露得 0 分
21	是否披露了实现战略目标的困难	披露得 1 分，未披露得 0 分
22	是否披露了实现战略目标困难的应对措施	披露得 1 分，未披露得 0 分
23	是否披露了公司战略目标对未来业绩的影响	披露得 1 分，未披露得 0 分
24	是否披露了公司现有的先进技术、专利对盈余持续性的影响	披露得 1 分，未披露得 0 分

续表

序号	公司新产品或新服务	
	指标内容	评分标准
25	是否披露了公司未来年度的研发计划	披露得1分，未披露得0分
26	是否披露了实现未来年度研发计划目标的有利因素	披露得1分，未披露得0分
27	是否披露了实现研发计划目标可能遇到的困难	披露得1分，未披露得0分
28	是否披露了为解决实现研发计划目标遇到困难的应对措施	披露得1分，未披露得0分
29	是否披露了公司竞争优势	披露得1分，未披露得0分
30	是否披露了公司竞争不足	披露得1分，未披露得0分
31	是否披露了公司竞争对手的情况	披露得1分，未披露得0分
32	是否披露了公司竞争优势企业盈余持续性的影响	披露得1分，未披露得0分
33	是否披露了公司竞争劣势企业盈余持续性的影响	披露得1分，未披露得0分
34	是否披露了公司保持竞争优势所遇到的困难	披露得1分，未披露得0分
35	是否披露了公司为弥补竞争不足的应对措施	披露得1分，未披露得0分
36	是否披露了行业整体发展前景（是属于夕阳行业，还是属于朝阳行业）	披露得1分，未披露得0分
37	是否披露了行业整体竞争格局（是竞争日趋激烈，还是垄断更进一步加深）	披露得1分，未披露得0分
38	是否披露了国家的行业政策（宏观经济政策或政府的优惠扶持政策等适用于全行业的各种经济政策，包括国家鼓励行业的税收优惠政策等）	披露得1分，未披露得0分
39	是否披露了行业发展趋势对公司发展的有利因素	披露得1分，未披露得0分
40	是否披露了行业发展趋势对公司发展的不利因素	披露得1分，未披露得0分
41	是否披露了为应对行业发展趋势对公司发展不利因素的应对措施	披露得1分，未披露得0分
42	是否披露了行业未来发展趋势对公司盈余持续性的影响	披露得1分，未披露得0分

通过进一步效度检验可以得知，KMO 值为 0.782，巴特利特球形检验也在 1%水平显著，表明本书构建的非财务信息披露指标体系效度较高，具有较强代表性。为了得到更加可靠的实证结果，本书在稳健性检验中还借鉴了 Muslu 等（2014）、Bozzolan 等（2009）的研究思路，使用公司披露的未来发展前景信息的句子数目代替打分法来衡量非财务信息。

②企业投资效率。

本书采用 Richardson（2006）的模型来估计公司投资效率，将投资支出分为两部分：一部分是维持公司正常资产运营的支出和预期的投资支出，与公司的成长机会、融资约束及行业等因素有关；另外一部分是非预期支出，正代表过度投资，负代表投资不足。该模型是较为可行的投资绩效计量模型，如魏明海和柳建华（2007）、杨华军和胡奕明（2007）、程仲鸣等（2008）、姜付秀等（2009）加以使用。具体模型如下：

首先用回归方法估计出企业的正常投资水平，而后用模型的残差表示公司的无效率投资。如果残差为正，表示过度投资，反之，表示投资不足。

$$
\begin{aligned}
Inv_t = \beta_0 &+ \beta_1 Grow_{t-1} + \beta_2 Lev_{t-1} + \beta_3 Cash_{t-1} + \beta_4 Size_{t-1} + \beta_5 \mathrm{Ret}_{t-1} \\
&+ \beta_6 Inv_{t-1} + \beta_7 Age_{t-1} + \sum \beta_k Year + \sum \beta_j Industry + \varepsilon
\end{aligned}
\tag{5-1}
$$

其中，Inv_t 表示公司第 t 年的购建固定资产、无形资产和其他长期资产所支付的现金，取得子公司及其他营业单位支付的现金净额，权益性投资和债权性投资支出所支付现金，支付其他与投资活动有关的现金之和与期初总资产的比值。$Grow_{t-1}$、Lev_{t-1}、$Cash_{t-1}$、$Size_{t-1}$、Ret_{t-1}、Age_{t-1}、Inv_{t-1} 分别表示第 t-1 年的 Tobin Q、资产负债率、现金持有量、资产规模、股票收益率、上市年限，以及投资规模，同时控制了行业和年度的虚拟变量。

为了得到更加可靠的结论，本书在稳健性中又借鉴 Biddle 等（2009）所使用的投资估计模型测度企业投资效率。

③融资约束。

自 Fazzari 等（1998）的研究开始，大量学者开始用“投资—现金流”敏感性来测度融资约束，但是随后一些学者如 Kaplan 和 Zingales（1997，2000）、Gomes（2001）对这种衡量方法提出了质疑，主要表现在以下几个方面：一是 Tobin Q 并不能完全代替公司的未来投资机会，现金流从某种程度上也可以反映未来的投资机会，尤其是在我国新兴市场的特殊制度背景下，资本市场有效性较弱，使用 Tobin Q 代替投资机会可能会存在更大的“噪声”，从而导致较大的适应性偏差；二是“投资—现金流”敏感性可能并非完全由融资约束引起，根据 Jensen（1986）的自由现金流量假说，其也有可能是因为严重的代理问题所导致，因此，如果用这个模型来测量融资约束，我们很难将上述两种原因进行有效的分离。连玉君和程建（2007）采用公司规模、国有股权比例及现金股利支付率来综合判定公司是否属于融资约束，控制了 Tobin Q 投资机会衡量偏误后，发现与 Kaplan 和 Zingales（1997）等相一致的是，非融资约束组的“投资—现金流”敏感性反而比较高。正是由于上述原因，Almeida 等（2004）构建了“现金—现金流”敏感性来测度公司的融资约束。基本原理为：公司融资约束会影响其现金持有政策，融资约束较严重的企业将提取较多的现金，保持较高的现金持有量和流动性，以便未来进行投资，此时企业的“现金—现金流”敏感性较高。换而言之，融资约束越严重的企业，“现金—现金流”敏感性越高。这个模型随后被国内众多学者所借鉴（于蔚等，2012；靳庆鲁等，2012；何贤杰等，2012），被认为可以在很大程度上避免“投资—现金流”敏感性的不足。比如 Wan 和 Zhu（2011）以中国黑龙江、吉林和辽宁的增值税试点改革为自然实验，发现改革后“投资—现金流”敏感性发生了显著变化，但“现金—现金流”未有明显地变动，而从理论上，增值税试点改革不会对公司的融资约束程度产生显著影响，上述结果说明“现金—现金流”敏感性更能有效衡量融资约束程度。因此，本书主要运用 Almeida 等（2004）模型衡量公司的融资约束程度。其基本模型如下：

$$\Delta Cash = \alpha_0 + \alpha_1 Cfo + \alpha_2 Size + \alpha_3 TobinQ + \alpha_4 \Delta STD + \alpha_5 \Delta NWC + \alpha_6 Expenditure + \sum Industry + \sum Year + \omega \tag{5-2}$$

其中，$\Delta Cash$ 代表企业现金持有量变化值，通过本期企业现金和现金等价物的净增加额/期初总资产计算所得，Cfo 等于企业经营活动产生的净现金流量/期初总资产，$Size$ 表示企业规模，等于期初总资产的自然对数。一般而言，公司规模越大，则声誉越高，营业收入也越稳定，越容易获得银行信贷支持，从而对内部资金的依赖较小，持有的现金也越少。$TobinQ$ 用以衡量企业成长性，等于期末公司股票总市值与负债账面价值之和除以期初总资产。公司成长性越好，盈利能力越强，则倾向于持有越多的投机性现金。ΔSTD 等于本期企业流动负债净增加额除以期初总资产，短期债务既可用于替代现金支付，也可作为企业现金的一种来源，因此其对公司现金持有具有正反两方面的效应。ΔNWC 表示本期企业净营运资本的净增加额除以期初总资产，与短期流动负债类似，营运资本既可以作为现金的替代，也可以作为现金的一种来源。*Expenditure* 用于衡量企业的资本性支出，通过本期企业购建固定资产、无形资产和其他长期资产支付的现金/期初总资产计算所得。此外，我们还控制了行业和年度因素。α_1 是“现金—现金流”敏感度，其值越高，则表示企业对内部资金依赖性越强，说明公司面临的融资约束现象越严重。

④控制变量。

先前大量学者（饶育蕾和汪玉英，2006；辛清泉等，2007；杨华军和胡奕明，2007；魏明海和柳建华，2007；程仲鸣等，2008；姜付秀等，2009；俞红海等，2010；覃家琦，2010；李焰等，2011；陈运森和谢德仁，2011；李万福等，2011；吕长江和张海平，2011；吴超鹏等，2012）的研究表明，财务特征等因素会显著影响企业投资效率，因此本书控制了资产规模、收入、自由现金流量、盈利、Tobin Q、增长、财务杠杆、资产周转率等 8 个财务特征指标。详细结果见表 5-2。

表 5-2　变量设计与说明

变量类型	变量名称	变量代码	变量含义
因变量	过度投资	*OVER*	根据 Richardson（2006）计算的大于 0 的残差
	投资不足	*UNDER*	根据 Richardson（2006）计算的小于 0 的残差
	现金持有量的差值	$\Delta Cash$	公司现金及现金等价物净增加额除以期初总资产
	投资规模	*INV*	购建固定资产、无形资产和其他长期资产所支付的现金，取得子公司及其他营业单位支付的现金净额，权益性投资和债权性投资支出所支付的现金，支付其他与投资活动有关的现金之和与期初总资产的比值
自变量	非财务信息披露	*VDNF*	上市公司自愿披露的有关未来发展前景的非财务信息水平
	公司财务特征	*Size*	公司期末总资产总额对数
		REVENUE	营业收入/期初净资产
		FCF	企业自由现金流量/期初总资产，其中企业自由现金流量取自国泰安数据库，计算公式为（净利润+利息费用+非现金支出）-营运资本追加-资本性支出

续表

变量类型	变量名称	变量代码	变量含义
自变量	公司财务特征	*ROA*	总资产收益率
		Tobin Q	(股权价值+净债务价值) /总资产，其中非流通股市值用净资产来代替计算
		GOA	总资产增长率
		AT	总资产周转率
		LEVERGE	公司负债率，负债总额/期初总资产

资料来源：笔者根据研究文献自己整理。

(2) 研究样本选择和数据来源。

本书选取了深、沪两市2004—2010年除金融行业外所有上市公司作为研究样本，剔除了数据不全及五年内没有持续存在的公司，得到每年926家公司共6482个样本。为了控制非财务信息与投资效率之间可能存在的内生性，本书将投资效率提前了一期，即有关投资效率的数据是从2005年至2011年。本书的研究数据来源于：①南开大学公司治理数据库；②CCER数据库；③国泰安数据库（CSMAR）。本研究所使用的统计及数据处理软件为Stata10.0。详细的样本行业分布情况见表5-3。

表5-3 样本行业分布情况

行业	数目	比例（%）
农、林、牧、渔业	113	1.743
采掘业	117	1.805
制造业	3681	56.788
电力、煤气及水的生产和供应业	316	4.875
建筑业	128	1.975
交通运输、仓储业	303	4.674
信息技术业	388	5.986
批发和零售贸易业	458	7.066
房地产业	351	5.415
社会服务业	210	3.240

续表

行业	数目	比例（%）
传播与文化业	43	0.663
综合类	374	5.770
合计	6482	100.000

资料来源：笔者根据国泰安数据库（CSMAR）相关数据自己整理所得。

从表 5-3 可以看出，有 3681 个样本属于制造业，所占比例为 56.788%，其次是批发和零售贸易业，有 458 个样本，所占比例为 7.066%。所含样本最少的是传播与文化业，仅有 43 个样本，所占比例仅为 0.663%，农、林、牧、渔业有 113 个样本，所占比例为 1.743%。总体来看，本书的样本行业分布情况与先前大量研究文献类似，所以，样本选择时的行业抽样误差较低。

（3）模型设计。

为了验证非财务信息与企业投资效率之间的关系，本书建立了以下模型：

$$INEF = \alpha_0 + \alpha_1 VDNF + \alpha_2 Size + \alpha_3 REVENUE + \alpha_4 FCF + \alpha_5 ROA + \alpha_6 TobinQ + \alpha_7 GOA + \alpha_8 AT + \alpha_9 LEVERGE + \varepsilon_1 \quad (5-3)$$

其中，*INEF* 表示企业投资效率，包括过度投资（OVER）和投资不足（UNDER）。*VDNF* 表示上市公司自愿披露的有关未来发展前景的非财务信息。为了控制 *VDNF* 与 *INEF* 可能存在的内生性，本书在回归时 *VDNF* 的年限区间为 2004—2010 年；而 *INEF* 则提前一期，为 2005—2011 年。

为了验证非财务信息是否赢得了投资者信任，缓解了融资约束，本书建立了以下模型：

$$\Delta Cash = \beta_0 + \beta_1 Cfo + \beta_2 Size + \beta_3 TobinQ + \beta_4 \Delta STD + \beta_5 \Delta NWC + \beta_6 Expenditure + \beta_7 VDNF + \beta_8 VDNF \times Cfo + \sum Industry + \sum Year + \omega \quad (5-4)$$

其中，$VDNF \times Cfo$ 表示 *VDNF* 与 *Cfo* 的交乘项，其系数 β_8 表示上市公司自愿披露的有关未来发展前景的非财务信息对融资约束的影响程度，如果显著为负，说明非财务信息会赢得投资者的信任，缓解了融资约束。如果不显著，说明在投资者决策时，非财务信息并没有起到增量作用，所以未缓解融资约束。

5.1.2.2 实证检验

(1) 计算企业投资效率。

为了计算得到 *INEF*，本书采用模型（5-1）进行了回归分析，详细的实证结果见表 5-4。

表 5-4 计算企业投资效率的回归结果

变量	*Coef.*	*T*	*P>T*
Inv_{t-1}	0.564 ***	36.15	0.000
$Size_{t-1}$	0.007 ***	5.12	0.000
$Cash_{t-1}$	0.070 ***	4.47	0.000
$Grow_{t-1}$	0.017 ***	7.50	0.000
Lev_{t-1}	-0.077 ***	-9.96	0.000
Ret_{t-1}	0.020 ***	9.50	0.000
Age_{t-1}	-0.001 ***	-3.07	0.002
行业	控制		
年度	控制		
F 值	98.81 ***		
调整后 R^2	0.266		
样本数目	6482		

注：*** 表示在 1%水平下显著。

通过表 5-4 可以看出，首先，F 值为 98.81，在 1%水平下显著，调整后 R^2 为 0.266，说明模型整体通过显著性检验且解释能力较强。其次，Inv_{t-1}、$Size_{t-1}$、$Cash_{t-1}$、$Grow_{t-1}$、Ret_{t-1} 等解释变量都在 1%水平下显著相关，说明上一期的投资规模、总资产、现金持有量、增长率、股票收益率越高，本期的投资规模越大。Lev_{t-1}、Age_{t-1} 也都在 1%水平下显著负相关，说明资产负债率和上市年限会限制投资规模的扩大。这也与其他研究文献，如杨华军和胡奕明（2007）、辛清泉等（2007）、杨兴全等（2010）、花贵如等（2010）、张宗益和郑志丹（2012）等实证结果类似。最后，本书根据回归结果预测得到残差用以衡量公司投资效率，当残差大于 0 是表示投资过度，当残差小于 0 时表示投资不足，残差越接近 0 表示企业投资效率越高。

（2）描述性统计分析。

我们分别对各年度样本和全样本进行了描述性统计，详细结果见表 5-5。

表 5-5A　样本描述性统计（全样本）

变量	样本总数	均值	中位数	标准差	最小值	最大值
VDNF	6482	0. 276	0. 262	0. 138	0. 000	0. 786
INEF	6482	0. 000	-0. 020	0. 104	-0. 355	0. 661
UNDER	4153	-0. 052	-0. 042	0. 043	-0. 355	0. 000
OVER	2329	0. 094	0. 053	0. 115	0. 000	0. 661
INV	6482	0. 093	0. 062	0. 142	-0. 106	5. 383
Δ*CASH*	6482	0. 012	0. 007	0. 079	-0. 569	0. 664
Size	6482	21. 595	21. 517	1. 122	17. 412	26. 818
REVENUE	6482	1. 876	1. 202	5. 673	-106. 719	253. 654
FCF	6482	0. 044	0. 057	0. 170	-5. 674	2. 132
ROA	6482	0. 028	0. 029	0. 106	-3. 960	1. 992
Tobin Q	6482	1. 682	1. 265	1. 292	0. 540	43. 848
GOA	6482	0. 138	0. 083	0. 405	-1. 000	13. 982
AT	6482	0. 746	0. 599	0. 640	0. 001	10. 179
LEVERGE	6482	0. 523	0. 523	0. 346	0. 008	16. 329

表 5-5B　样本描述性统计（2004 年）

变量	样本总数	均值	中位数	标准差	最小值	最大值
VDNF	926	0. 164	0. 167	0. 053	0. 024	0. 452
INEF	926	0. 000	-0. 023	0. 104	-0. 340	0. 632
UNDER	574	-0. 056	-0. 045	0. 046	-0. 340	-0. 001
OVER	352	0. 095	0. 060	0. 107	0. 000	0. 632
INV	926	0. 107	0. 083	0. 101	-0. 065	1. 095
Δ*CASH*	926	-0. 002	0. 002	0. 080	-0. 522	0. 404
Size	926	21. 265	21. 191	0. 952	17. 412	25. 699
REVENUE	926	1. 826	1. 016	8. 593	-8. 806	253. 654
FCF	926	0. 075	0. 069	0. 131	-1. 617	0. 619
ROA	926	0. 024	0. 026	0. 145	-3. 960	0. 514
Tobin Q	926	1. 133	1. 063	0. 318	0. 657	6. 423
GOA	926	0. 149	0. 099	0. 287	-0. 719	3. 119
AT	926	0. 700	0. 548	0. 575	0. 016	7. 407
LEVERGE	926	0. 506	0. 493	0. 564	0. 008	16. 329

表 5-5C 样本描述性统计（2005 年）

变量	样本总数	均值	中位数	标准差	最小值	最大值
VDNF	926	0.185	0.190	0.052	0.000	0.404
INEF	926	0.000	-0.013	0.089	-0.300	0.637
UNDER	558	-0.048	-0.036	0.041	-0.300	-0.001
OVER	368	0.072	0.035	0.094	0.000	0.637
INV	926	0.086	0.061	0.091	-0.085	1.158
Δ*CASH*	926	-0.005	-0.002	0.071	-0.569	0.480
Size	926	21.336	21.276	0.983	17.531	25.653
REVENUE	926	1.695	1.152	2.315	-7.044	33.098
FCF	926	0.068	0.066	0.130	-2.193	0.466
ROA	926	0.012	0.022	0.141	-3.673	0.205
Tobin Q	926	1.043	0.992	0.267	0.591	5.610
GOA	926	0.094	0.060	0.263	-0.751	4.656
AT	926	0.719	0.565	0.638	0.001	10.107
LEVERGE	926	0.533	0.521	0.540	0.013	14.474

表 5-5D 样本描述性统计（2006 年）

变量	样本总数	均值	中位数	标准差	最小值	最大值
VDNF	926	0.193	0.214	0.072	0.077	0.571
INEF	926	0.000	-0.017	0.093	-0.294	0.545
UNDER	578	-0.050	-0.040	0.040	-0.294	0.000
OVER	348	0.082	0.050	0.098	0.001	0.545
INV	926	0.086	0.058	0.108	-0.006	1.555
Δ*CASH*	926	0.011	0.008	0.077	-0.530	0.664
Size	926	21.429	21.387	1.024	18.497	25.683
REVENUE	926	1.948	1.299	3.163	-2.053	43.020
FCF	925	0.058	0.065	0.143	-1.304	0.519
ROA	926	0.029	0.027	0.061	-0.460	0.561
Tobin Q	926	1.255	1.129	0.404	0.586	4.365
GOA	926	0.137	0.064	0.558	-0.785	13.982
AT	926	0.758	0.596	0.661	0.014	10.179
LEVERGE	926	0.524	0.538	0.255	0.021	5.494

表 5-5E　样本描述性统计（2007 年）

变量	样本总数	均值	中位数	标准差	最小值	最大值
VDNF	926	0. 295	0. 286	0. 109	0. 071	0. 595
INEF	926	0. 000	-0. 027	0. 121	-0. 355	0. 598
UNDER	623	-0. 058	-0. 048	0. 043	-0. 355	0. 000
OVER	303	0. 119	0. 065	0. 142	0. 001	0. 598
INV	926	0. 096	0. 062	0. 202	-0. 106	5. 383
ΔCASH	926	0. 024	0. 014	0. 079	-0. 273	0. 482
Size	926	21. 618	21. 562	1. 085	18. 642	25. 697
REVENUE	926	1. 865	1. 315	3. 418	-64. 623	33. 179
FCF	926	0. 029	0. 047	0. 180	-1. 291	2. 132
ROA	926	0. 046	0. 037	0. 115	-0. 817	1. 992
Tobin Q	926	2. 250	1. 898	1. 185	0. 901	11. 315
GOA	926	0. 207	0. 119	0. 537	-0. 585	10. 208
AT	926	0. 797	0. 639	0. 668	0. 013	8. 874
LEVERGE	926	0. 511	0. 520	0. 179	0. 009	1. 032

表 5-5F　样本描述性统计（2008 年）

变量	样本总数	均值	中位数	标准差	最小值	最大值
VDNF	926	0. 408	0. 404	0. 119	0. 048	0. 667
INEF	926	0. 000	-0. 019	0. 103	-0. 297	0. 661
UNDER	587	-0. 053	-0. 043	0. 046	-0. 297	0. 000
OVER	339	0. 092	0. 057	0. 110	0. 000	0. 661
INV	926	0. 098	0. 068	0. 170	-0. 047	3. 961
ΔCASH	926	0. 001	0. 001	0. 080	-0. 517	0. 360
Size	926	21. 696	21. 636	1. 135	18. 072	26. 573
REVENUE	926	1. 992	1. 296	3. 001	-5. 422	48. 764
FCF	926	0. 050	0. 066	0. 153	-1. 311	0. 961
ROA	926	0. 021	0. 025	0. 080	-0. 728	0. 299
Tobin Q	926	1. 277	1. 109	0. 536	0. 540	6. 563
GOA	926	0. 071	0. 041	0. 255	-0. 770	2. 886
AT	926	0. 768	0. 632	0. 653	0. 009	7. 910
LEVERGE	926	0. 518	0. 523	0. 193	0. 018	1. 794

表 5-5G 样本描述性统计（2009 年）

变量	样本总数	均值	中位数	标准差	最小值	最大值
VDNF	926	0.370	0.357	0.130	0.048	0.786
INEF	926	0.000	-0.019	0.101	-0.304	0.626
UNDER	613	-0.048	-0.038	0.041	-0.304	0.000
OVER	313	0.095	0.048	0.116	0.001	0.626
INV	926	0.081	0.051	0.126	0.000	2.319
Δ*CASH*	926	0.035	0.021	0.081	-0.416	0.637
Size	926	21.831	21.739	1.201	18.266	26.762
REVENUE	926	1.861	1.175	6.823	-106.719	129.926
FCF	926	0.014	0.037	0.176	-2.765	0.978
ROA	926	0.024	0.028	0.097	-1.164	0.313
Tobin Q	926	2.324	1.933	1.440	0.789	16.006
GOA	926	0.145	0.089	0.386	-0.827	7.609
AT	926	0.709	0.586	0.617	0.002	8.915
LEVERGE	926	0.532	0.541	0.211	0.035	2.391

表 5-5H 样本描述性统计（2010 年）

变量	样本总数	均值	中位数	标准差	最小值	最大值
VDNF	926	0.319	0.310	0.110	0.071	0.738
INEF	926	0.000	-0.024	0.113	-0.313	0.636
UNDER	620	-0.052	-0.042	0.043	-0.313	0.000
OVER	306	0.107	0.065	0.133	0.000	0.636
INV	926	0.094	0.058	0.156	-0.005	3.088
Δ*CASH*	926	0.018	0.011	0.078	-0.549	0.479
Size	926	21.988	21.927	1.255	17.426	26.818
REVENUE	926	1.944	1.243	8.310	-102.836	198.877
FCF	926	0.015	0.042	0.242	-5.674	0.419
ROA	926	0.037	0.034	0.069	-1.094	0.284
Tobin Q	926	2.490	1.939	2.269	0.757	43.848
GOA	926	0.167	0.124	0.416	-1.000	10.513
AT	926	0.772	0.631	0.661	0.001	8.246
LEVERGE	926	0.539	0.541	0.222	0.011	2.529

通过表 5-5 可以看出，第一，上市公司自愿披露的有关未来发展前景的非财务信息均值 2004—2010 年依次为 0.164、0.185、0.193、0.295、0.408、0.370、0.319，中位数依次为 0.167、0.190、0.214、0.286、0.404、0.357、0.310，总样本均值为 0.272，中位数是 0.262，无论是均值还是中位数都基本上以 2008 年为界，之前为逐年递增，而之后则逐年递减，但 2009 年和 2010 年的非财务信息均值仍旧要高于 2008 年以前的非财务信息均值。这就说明随着我国有关政府部门和机构不断出台各种法规和准则，鼓励上市公司自愿披露更多有关未来发展前景非财务信息的政策确实起到了一定作用，但是否达到缓解公司内部管理者与外部投资者之间的信息不对称，提高了资本市场资源配置效率，最终保护投资者权益和维护资本市场健康、稳定地发展，不仅取决于非财务信息的数量，还与其质量密切相关，因此有关未来发展前景的非财务信息预期的经济后果还需要进一步的实证检验。

第二，公司投资效率各年的均值都为 0，中位数 2004—2010 年依次为 -0.023、-0.013、-0.017、-0.027、-0.019、-0.019、-0.024，总样本的均值为 0，中位数为-0.020，这说明无论是总样本还是各年度样本我国上市公司有超过一半的公司为投资不足。其中，过度投资 2004—2010 年均值依次为 0.095、0.072、0.082、0.119、0.092、0.095、0.107，中位数依次为 0.060、0.035、0.050、0.065、0.057、0.048、0.065，总样本均值为 0.094，中位数是 0.053；投资不足 2004—2010 年均值依次为 -0.056、-0.048、-0.050、-0.058、-0.053、-0.048、-0.052，中位数依次是 -0.045、-0.036、-0.040、-0.048、-0.043、-0.038、-0.042，总样本均值为-0.052，中位数是-0.052。通过对比过度投资和投资不足的分年度均值和中位数可以看出，当年过度投资比较严重时，往往投资不足的现象也比较明显。比如 2008 年过度投资均值为 0.119，中位数是 0.065，投资不足均值为-0.058，中位数是 -0.048，当年的过度投资和投资不足均为 7 年内的最值，即过度投资和投资不足均最严重。两者之间的这种关系说明我国资本市场没有把资源有效地分配给最需要的公司，资源配置效率较低。这也说明在我国的现实市场环境下，增加披露更多的高质量的非财务信息以增强市场的资源配置功能非常必要。

第三，投资规模的均值 2004—2010 年依次为 0. 107、0. 086、0. 086、0. 096、0. 098、0. 081、0. 094，中位数依次是 0. 083、0. 061、0. 058、0. 062、0. 068、0. 051、0. 058，总样本的均值和中位数分别为 0. 093 和 0. 062。通过对比公司投资规模和企业投资效率可以看出，2004 年公司投资规模水平属于近 7 年的最高水平，但同期投资不足的现象比较严重，其均值为-0. 056，仅高于 2007 年，而这种情况在其他年份也不同程度存在着。纵观 7 年的描述性数据可以发现，除了个别年份，公司投资规模与过度投资的变化趋势的密切程度要远远高于其与投资不足的密切程度。这也就表明，我国上市公司投资规模的扩大可能在相当大程度上是属于非效率投资。

本书又进一步对总样本和分年度提供了各主要变量之间的皮尔逊相关系数。详细结果见表 5-6。

表 5-6A 相关系数表（总样本投资不足组）

变量	INEF	VDNF	Size	REVENUE	FCF	ROA	Tobin Q	GOA	AT	LEVERGE
INEF	1									
VDNF	0.051***	1								
SIZE	0.046***	0.239***	1							
REVENUE	0.090***	0.073***	0.099***	1						
FCF	−0.0170	−0.057***	0.070***	0.080***	1					
ROA	−0.098***	−0.147***	0.250***	0.166***	0.174***	1				
Tobin Q	−0.171***	−0.169***	−0.263***	0.0150	−0.085***	0.132***	1			
GOA	−0.0100	0.147***	0.318***	0.0110	−0.124***	0.357***	−0.00200	1		
AT	0.087***	0.085***	0.131***	0.192***	0.077***	0.208***	0.0170	0.104***	1	
LEVERGE	0.273***	0.034**	0.190***	0.089***	−0.055***	−0.367***	−0.169***	0.057***	0.091***	1

表 5-6B 相关系数表（总样本过度投资组）

变量	INEF	VDNF	Size	REVENUE	FCF	ROA	Tobin Q	GOA	AT	LEVERGE
INEF	1									
VDNF	0.120***	1								
SIZE	0.038*	0.224***	1							
REVENUE	−0.092***	0.031	0.040*	1						
FCF	−0.0230	−0.119***	0.0340	0.048**	1					
ROA	0.143***	−0.105***	0.163***	0.123***	0.140***	1				
Tobin Q	0.111***	−0.224***	−0.205***	0.0100	−0.093***	0.198***	1			
GOA	0.371***	0.096***	0.279***	−0.073***	−0.177***	0.241***	0.002	1		
AT	−0.056***	0.040*	0.077***	0.186***	0.038*	0.158***	0.009	0.052**	1	
LEVERGE	−0.176***	0.058***	0.187***	0.122***	−0.0190	−0.351***	−0.184***	0.087***	0.134***	1

表 5-6C 相关系数表（分年度）

年度	变量	投资不足 INEF	投资不足 VDNF	过度投资 INEF	过度投资 VDNF
2004 年	*INEF*	1		1	
	VDNF	0.080*	1	0.090	1
2005 年	*INEF*	1		1	
	VDNF	0.133***	1	0.327***	1
2006 年	*INEF*	1		1	
	VDNF	0.138***	1	0.161***	1
2007 年	*INEF*	1		1	
	VDNF	0.147***	1	0.139**	1
2008 年	*INEF*	1		1	
	VDNF	0.105**	1	0.096*	1
2009 年	*INEF*	1		1	
	VDNF	0.009	1	0.043	1
2010 年	*INEF*	1		1	
	VDNF	0.013	1	-0.037	1

注：*** 表示在 1%水平下显著，** 表示在 5%水平下显著，* 表示在 10%水平下显著。

通过表 5-6A 和 5-6B 可以看出，对于总样本而言，投资不足和过度投资与 *VDNF* 的皮尔逊相关系数分别为 0.051 和 0.120，两者都通过了 1%水平的显著性检验。这说明上市公司自愿披露的有关未来发展前景的非财务信息一方面缓解了投资不足，但另一方面也导致了过度投资。通过表 5-6C 分年度的皮尔逊相关系数表可以进一步看出，投资不足与 *VDNF* 的相关系数 2004—2010 年依次为 0.080、0.133、0.138、0.147、0.105、0.009 和 0.013，过度投资与 *VDNF* 的相关系数 2004—2010 年依次是 0.090、0.327、0.161、0.139、0.096、-0.043、-0.037。可以发现以 2008 年为界线，之前 2004—2008 年除了 2004 年过度投资与 VDNF 的相关系数为 0.090 未通过显著性检验外，其他各年份无论是过度投资还是投资不足都与 *VDNF* 显著正相关，但是在 2009—2010 年这种显著相关性则消失了。这说明在 2004—2008 年上市公司自愿披露的有关未来发展前景的非财务信息具有显著（既有正向也有负向）的经济后果，但是随后两年，其经济后果并不明显。出现这种现象的原因可能是如本书在前文中描述的那样，近年来爆发的一系列虚假陈述案及实际绩效与先前的信息披露并不吻合等严重损害了投资者对上市公司披露信息的信任程度，所以其在投资决策时较少考虑使用非财务信息。通过 7 年内企业投资效率与非财务信息的相关系数可以看出，随着时间的推移，两者之间的关系也随之发生了一定的变化。当然，这还需要进一步的回归估计才能最终确定他们之间准确的相关关系。

通过表 5-6A 和 5-6B 还可以看出，总资产规模、总资产增长率、总资产周转率与非财务信息的相关系数都通过了显著性检验，收入与非财务信息的相关系数虽然在过度投资组并不显著，但仍然为正，说明资产规模越大、收入越多，总资产增长率越高，总资产周转率越快的公司会倾向于自愿披露更多的非财务信息，但无论是公司市场价值 *Tobin Q* 还是财务业绩 *ROA*，在投资不足组和过度投资组与非财务信息的相关性系数都显著负相关，这与程新生等（2011）的经验证据相一致；*ROA* 与 *Tobin Q* 在投资不足组和过度投资组相关系数分别为 0.132、0.198，都在 1%水平下显著正相关，这与描述性统计的结果相一致，说明在我国，财务业绩和市场价值具有较强的正相关性；总资产周转率与 *ROA* 的相关系数分别为 0.208 和 0.158，通过了 1%水平的显著性检验，说明总资产周转越高，企业盈利能力越强，这也与描述性统计结果相一致。而资产负债率与 *ROA* 的相关系数分别为-0.367 和-0.351，同时与 *Tobin Q* 的相关系数分别为-0.169 和-0.184，都在 1%水平下显著负相关，说明资产负债率并没有起到明显的税盾作用，反而由于财务风险较高，损害了公司财务业绩和市场价值。由于皮尔逊相关系数分析未控制其他因素，只是一种简单的相关性分析，由于受到“伪相关”等不利影响，因此通过这种方法得到的相关性与现实中的情况可能存在一定的偏差，变量之间准确的相关关系还需要通过进一步的回归分析来检验。

（3）假设检验。

①非财务信息与企业投资效率回归分析结果。

为了验证非财务信息对公司投资效率的影响，本书采用模型（5-3）进行了回归估计。为了消除异常值的影响，本书对所有连续变量的最大和最小的1%值进行了Winsorize标准化处理。为了控制内生性可能对本书结果的影响，企业投资效率在进行回归时提前了一期，即使用的是2004—2010年的数据。详细的结果见表5-7。

表5-7A 非财务信息与企业投资效率回归分析结果（总样本）

变量	投资不足组			投资过度组		
	Coef.	*T*	*P>T*	*Coef.*	*T*	*P>T*
VDNF	0.023***	4.05	0.000	0.077***	4.02	0.000
Size	-0.003***	-3.78	0.000	-0.007***	-2.99	0.003
REVENUE	0.001	0.05	0.957	0.156***	4.41	0.000
FCF	0.002	0.30	0.767	0.068***	4.69	0.000
ROA	0.030***	2.58	0.010	-0.094**	-2.12	0.034
Tobin Q	-0.008***	-10.63	0.000	0.004	1.32	0.188
GOA	-0.007	-1.44	0.150	0.202***	17.09	0.000
AT	0.003	0.23	0.819	-0.149***	-4.53	0.000
LEVERGE	0.051***	14.00	0.000	-0.124***	-9.49	0.000
行业	控制			控制		
年度	控制			控制		
F值	27.26***			23.89***		
调整后 R^2	0.144			0.209		
样本数目	4153			2329		

表 5-7B　非财务信息与企业投资效率回归分析结果（2004 年）

变量	投资不足组			投资过度组		
	Coef.	*T*	*P>T*	*Coef.*	*T*	*P>T*
VDNF	0.063*	1.88	0.061	0.203**	2.19	0.029
Size	0.001	0.36	0.715	0.000	−0.01	0.991
REVENUE	0.047	1.06	0.290	0.218**	2.11	0.036
FCF	0.040**	2.15	0.032	0.137***	3.22	0.001
ROA	0.049	1.43	0.153	−0.211	−1.18	0.239
Tobin Q	−0.006	−0.99	0.321	0.067**	2.20	0.028
GOA	−0.011	−0.72	0.473	0.267***	7.72	0.000
AT	−0.045	−1.05	0.295	−0.206**	−2.19	0.029
LEVERGE	0.055***	5.30	0.000	−0.132***	−3.75	0.000
行业	控制			控制		
F 值	4.83***			7.62***		
调整后 R^2	0.124			0.283		
样本数目	574			352		

表 5-7C　非财务信息与企业投资效率回归分析结果（2005 年）

变量	投资不足组			投资过度组		
	Coef.	*T*	*P>T*	*Coef.*	*T*	*P>T*
VDNF	0.046**	2.24	0.026	0.294***	5.94	0.000
Size	−0.005***	−2.73	0.007	−0.011**	−2.46	0.015
REVENUE	−0.049	−1.19	0.236	0.300***	3.45	0.001
FCF	0.019	0.99	0.324	0.094***	2.65	0.008
ROA	0.040	1.24	0.214	−0.108	−1.33	0.184
Tobin Q	−0.010	−1.42	0.156	0.008	0.57	0.571
GOA	−0.028**	−1.99	0.047	0.262***	9.38	0.000
AT	0.052	1.30	0.195	−0.299***	−3.65	0.000
LEVERGE	0.077***	7.96	0.000	−0.048*	−1.90	0.058
行业	控制			控制		
F 值	7.64***			9.93***		
调整后 R^2	0.194			0.329		
样本数目	558			368		

表 5-7D　非财务信息与企业投资效率回归分析结果（2006 年）

变量	投资不足组			投资过度组		
	Coef.	*T*	*P>T*	*Coef.*	*T*	*P>T*
VDNF	0.055***	3.34	0.001	0.081	1.62	0.106
Size	−0.005***	−2.64	0.009	−0.005	−1.07	0.287
REVENUE	0.080**	2.05	0.041	0.077	0.93	0.351
FCF	−0.004	−0.28	0.781	0.107***	3.14	0.002
ROA	−0.018	−0.51	0.608	−0.193*	−1.93	0.054
Tobin Q	−0.022***	−5.87	0.000	−0.008	−0.58	0.565
GOA	0.027**	2.05	0.040	0.178***	6.58	0.000
AT	−0.073**	−2.00	0.046	−0.082	−1.07	0.287
LEVERGE	0.034***	3.51	0.000	−0.160***	−5.66	0.000
行业	控制			控制		
F 值	6.42***			6.44***		
调整后 R^2	0.158			0.239		
样本数目	578			348		

表 5-7E　非财务信息与企业投资效率回归分析结果（2007 年）

变量	投资不足组			投资过度组		
	Coef.	*T*	*P>T*	*Coef.*	*T*	*P>T*
VDNF	0.034**	2.30	0.022	0.095	1.62	0.107
Size	−0.004**	−2.29	0.022	−0.010	−1.40	0.163
REVENUE	−0.003	−0.08	0.938	0.195*	1.72	0.087
FCF	0.025**	1.99	0.047	−0.017	−0.39	0.698
ROA	0.043	1.41	0.158	−0.120	−0.72	0.472
Tobin Q	−0.007***	−4.34	0.000	0.007	0.85	0.397
GOA	0.006	0.56	0.575	0.244***	6.44	0.000
AT	0.004	0.11	0.910	−0.177*	−1.73	0.086
LEVERGE	0.028***	2.95	0.003	−0.068	−1.39	0.165
行业	控制			控制		
F 值	5.13***			5.44***		
调整后 R^2	0.119			0.232		
样本数目	623			303		

表 5-7F　非财务信息与企业投资效率回归分析结果（2008 年）

变量	投资不足组			投资过度组		
	Coef.	*T*	*P>T*	*Coef.*	*T*	*P>T*
VDNF	0. 023 *	1. 92	0. 056	0. 070 *	1. 73	0. 085
Size	−0. 001	−0. 40	0. 686	−0. 006	−1. 02	0. 310
REVENUE	−0. 009	−0. 30	0. 763	0. 131 **	1. 98	0. 049
FCF	−0. 016	−1. 03	0. 303	0. 109 ***	3. 01	0. 003
ROA	0. 040	1. 35	0. 176	−0. 038	−0. 34	0. 731
Tobin Q	−0. 010 ***	−3. 02	0. 003	0. 000	0. 00	0. 999
GOA	−0. 010	−0. 75	0. 454	0. 162 ***	5. 08	0. 000
AT	0. 013	0. 41	0. 686	−0. 121 *	−1. 87	0. 063
LEVERGE	0. 044 ***	4. 19	0. 000	−0. 088 ***	−2. 40	0. 017
行业	控制			控制		
F 值	3. 86 ***			3. 23 ***		
调整后 R^2	0. 090			0. 119		
样本数目	587			339		

表 5-7G　非财务信息与企业投资效率回归分析结果（2009 年）

变量	投资不足组			投资过度组		
	Coef.	*T*	*P>T*	*Coef.*	*T*	*P>T*
VDNF	−0. 002	−0. 19	0. 852	−0. 012	−0. 26	0. 797
Size	−0. 005 ***	−2. 77	0. 006	−0. 007	−1. 12	0. 265
REVENUE	−0. 018	−0. 54	0. 587	0. 198	1. 58	0. 116
FCF	−0. 010	−0. 69	0. 493	0. 078 *	1. 93	0. 055
ROA	0. 050 *	1. 74	0. 083	−0. 077	−0. 64	0. 522
Tobin Q	−0. 007 ***	−4. 31	0. 000	0. 002	0. 37	0. 714
GOA	−0. 021	−1. 59	0. 111	0. 213 ***	6. 03	0. 000
AT	0. 022	0. 69	0. 490	−0. 186	−1. 60	0. 112
LEVERGE	0. 070 ***	7. 17	0. 000	−0. 110 ***	−2. 79	0. 006
行业	控制			控制		
F 值	6. 35 ***			4. 75 ***		
调整后 R^2	0. 153			0. 199		
样本数目	613			313		

表 5-7H 非财务信息与企业投资效率回归分析结果（2010 年）

变量	投资不足组			投资过度组		
	Coef.	*T*	*P>T*	*Coef.*	*T*	*P>T*
VDNF	0.002	0.17	0.862	-0.002	-0.03	0.975
Size	-0.001	-0.63	0.532	-0.001	-0.13	0.894
REVENUE	-0.050	-1.59	0.112	0.158	0.97	0.335
FCF	-0.022*	-1.69	0.092	-0.012	-0.26	0.799
ROA	0.050	1.51	0.131	0.092	0.55	0.583
Tobin Q	-0.010***	-7.03	0.000	-0.005	-0.70	0.486
GOA	-0.029**	-2.43	0.015	0.119***	2.84	0.005
AT	0.056*	1.86	0.063	-0.148	-0.99	0.322
LEVERGE	0.056***	5.94	0.000	-0.247***	-6.06	0.000
行业	控制			控制		
F 值	11.25***			3.55***		
调整后 R^2	0.253			0.146		
样本数目	620			306		

表 5-7I 非财务信息与企业投资效率回归分析结果（2004—2008 年）

变量	投资不足组			投资过度组		
	Coef.	*T*	*P>T*	*Coef.*	*T*	*P>T*
VDNF	0.036***	5.09	0.000	0.115***	5.02	0.000
Size	-0.002***	-2.78	0.005	-0.007***	-2.95	0.003
REVENUE	0.012	0.75	0.455	0.159***	4.25	0.000
FCF	0.010	1.45	0.147	0.079***	4.77	0.000
ROA	0.026*	1.90	0.058	-0.113**	-2.23	0.026
Tobin Q	-0.008***	-6.44	0.000	0.003	0.70	0.481
GOA	-0.001	-0.20	0.842	0.211***	15.78	0.000
AT	-0.010	-0.61	0.541	-0.153***	-4.38	0.000
LEVERGE	0.047***	10.68	0.000	-0.102***	-6.86	0.000
行业	控制			控制		
年度	控制			控制		
F 值	18.09***			21.58***		
调整后 R^2	0.125			0.229		
样本数目	2920			1710		

表 5-7J　非财务信息与企业投资效率回归分析结果（2009—2010 年）

变量	投资不足组			投资过度组		
	Coef.	*T*	*P>T*	*Coef.*	*T*	*P>T*
VDNF	0.000	0.02	0.986	-0.010	-0.26	0.793
Size	-0.003 **	-2.29	0.022	-0.003	-0.62	0.534
REVENUE	-0.032	-1.40	0.162	0.169 *	1.70	0.089
FCF	-0.016 *	-1.68	0.093	0.027	0.91	0.366
ROA	0.046 **	2.16	0.031	-0.043	-0.45	0.650
Tobin Q	-0.008 ***	-8.14	0.000	0.001	0.25	0.799
GOA	-0.023 ***	-2.68	0.007	0.164 ***	6.14	0.000
AT	0.037 *	1.70	0.089	-0.159 *	-1.74	0.083
LEVERGE	0.061 ***	9.15	0.000	-0.184 ***	-6.60	0.000
行业	控制			控制		
年度	控制			控制		
F 值	15.59 ***			6.77 ***		
调整后 R^2	0.203			0.168		
样本数目	1233			619		

注：*** 表示在 1%水平下显著，** 表示在 5%水平下显著，* 表示在 10%水平下显著。

通过表 5-7A 可以看出，对于总样本而言，在以投资不足为因变量的模型中，*VDNF* 的系数为 0.023，*T* 值是 4.05，在 1%水平下显著正相关；在以过度投资为因变量的模型中，*VDNF* 的系数为 0.077，*T* 值为 4.02，也通过了 1%的显著性检验。以上结果说明，上市公司自愿披露的有关未来发展前景的非财务信息一方面缓解了投资不足，但是另一方面也使过度投资现象更加严重，这与假设 2 一致。

通过表 5-7B 至表 5-7H 可以看出，对于分年度回归结果，在以投资不足为因变量的模型中，2004—2010 年 *VDNF* 的系数依次为 0.063、0.046、0.055、0.034、0.023、-0.002、-0.002，*T* 值分别是 1.88（P=0.061）、2.24（P=0.026）、3.34（P=0.001）、2.30（P=0.022）、1.92（P=0.056）、-0.19（P=0.852）、0.17（P=0.862）。在以过度投资为因变量的模型中，2004—2010 年 *VDNF* 的系数依次为 0.203、0.294、0.081、0.095、0.070、-0.012、-0.002，

T 值分别是 2.19（P=0.029）、5.94（P=0.000）、1.62（P=0.106）、1.62（P=0.107）、1.73（P=0.085）、-0.26（P=0.797）、-0.03（P=0.975）。上述结果与皮尔逊相关性分析结果类似，表明在 2004 年至 2010 年的各个年度，上市公司自愿披露的与未来发展前景相关的非财务信息与投资不足和过度投资都显著正相关（只有在 2006 年和 2007 年未通过显著性检验，但系数都为正，且 P 值都已经非常接近 10%显著性水平）。而在 2009 年和 2010 年，非财务信息与投资不足和投资过度都未通过显著性检验，且 T 值都非常小。

为了进一步分析非财务信息与企业投资效率之间的关系，我们将 7 年分成 2 个时间段，2004—2008 年为一个时间段，2009—2010 年为一个时间段，然后采用模型（5-3）进行回归。详细结果见表 5-7I 和表 5-7J。通过表 5-7I 和表 5-7J 可以看出，在以投资不足为因变量的模型中，*VDNF* 的系数在 2004—2008 年、2009—2010 年的时间段分别为 0.036、0.000，T 值分别是 5.09（P=0.000）、0.02（P=0.986）。在以过度投资为因变量的模型中，*VDNF* 的系数在 2004—2008 年、2009—2010 年的时间段分别为 0.115、-0.010，T 值分别是 5.02（P=0.000）、-0.26（P=0.793）。

通过上述分年度和分时间段的回归分析结果发现，在 2009 年和 2010 年，无论是分年度还是对于整个时间段的样本，非财务信息与企业投资效率之间的关系都未通过显著性检验。而在 2004—2008 年无论是分年度还是作为一个整体时间段的样本，与总样本的估计结果一致，非财务信息虽缓解了投资不足，但也导致了过度投资。通过表 5-7 我们还可以看出，在过度投资组，非财务信息的系数虽然在个别年份有所反复，但总体来看，2004 年和 2005 年的系数最高，2006 年、2007 年、2008 年的系数次之，2009 年与 2010 年的系数最低，而 2004—2008 年的子样本系数 0.115 高于 2009—2010 年的子样本系数-0.010。在投资不足组，非财务信息的系数在 2004 年到 2008 年的系数高于 2009 年和 2010 年，并且 2004—2008 年的子样本系数也大于 2009—2010 年的子样本系数。通过 Chow 检验进一步得知，上述差异都通过了显著性检验，随着时间的推移，非财务信息对过度投资和投资不足的影响均逐渐降低。

出现上述现象的原因可能在于：近年来我国资本市场爆发了大量的虚假陈

述案，如杭萧钢构、国药一致等，这严重损害了投资者信心，并且即使管理者的虚假陈述行为没有被市场监管机构及时发现并惩处，但如果公司后来的实际绩效与管理者先前披露的乐观信息并不吻合而是长期低于预期的话，上市公司披露的低质量的非财务信息可能也就无法持续赢得投资者的信任。此外，随着近年来因特网逐渐普及，信息流通传递的速度明显加快，投资者可以通过日益方便的网络搜寻信息来验证公司的发展前景是否真如管理者披露的那么乐观，所以其辨别非财务信息质量的能力越来越强，因此这也会影响其对低质量非财务信息的信任程度。而一旦低质量的非财务信息不再被投资者信任，其就很难再继续影响市场资源配置效率，也就不能再缓解融资约束进而对企业投资效率产生显著作用。

通过分析发现，在投资不足组，无论是总样本还是分年度样本及以 2008 年为界分成的两个时间段子样本，都有大量上市公司披露的非财务信息水平高于均值，这说明并非由于披露信息水平过低所导致。产生这一现象还可能存在另外两个原因：一是我国上市公司自愿披露非财务信息动机的信息观和机会主义观同时存在，从而造成了非财务信息质量的异质性，进而使得其对企业投资效率的影响也有所不同；二是上市公司通过披露低质量的非财务信息获取超额资源后，并没有完全进行过度投资，而是存在其他用途。根据以往研究文献，控股股东还可能会通过资金占用等其他方式享受控制权私有收益，因此本书手工收集了年报中披露的控股股东占用上市公司的资金，来考察低质量的非财务信息是否与资金占用之间存在显著的正相关关系。详细估计结果见表 5-8。

表 5-8　非财务信息与资金占用回归分析结果

变量	总样本（投资不足组）			2004—2008 年（投资不足组）		
	Coef.	*T*	*P>T*	*Coef.*	*T*	*P>T*
VDNF	0.028**	2.11	0.035	0.045**	2.33	0.020
Size	−0.009***	−5.67	0.000	−0.013***	−5.96	0.000
REVENUE	−0.006***	−4.34	0.000	−0.011***	−5.15	0.000

续表

变量	总样本（投资不足组）			2004—2008 年（投资不足组）		
	Coef.	*T*	*P>T*	*Coef.*	*T*	*P>T*
FCF	-0.059***	-4.55	0.000	-0.071***	-3.97	0.000
ROA	-0.197***	-7.08	0.000	-0.307***	-8.19	0.000
Tobin Q	0.005***	2.68	0.007	0.013***	4.16	0.000
GOA	-0.037***	-4.57	0.000	-0.046***	-4.26	0.000
AT	0.001	0.16	0.873	0.012*	1.86	0.063
LEVERGE	0.099***	9.63	0.000	0.137***	9.76	0.000
行业	控制			控制		
年度	控制			控制		
F 值	30.00***			26.45***		
调整后 R^2	0.156			0.175		
样本数目	4153			2920		

注：* 表示在 10%水平下显著，** 表示在 5%水平下显著，*** 表示在 1%水平下显著。

通过表 5-8 可以看出，对于总样本和 2004—2008 年时间段的分样本，非财务信息的系数分别为 0.028、0.045，*T* 值依次是 2.11（P=0.035）、2.33（P=0.020），都在 5%水平下显著。这说明公司管理者披露的低质量非财务信息在获取超额资源后，一部分公司将这部分资源用于过度投资，但也有一些公司虽然缓解了投资不足，但并未继续扩大投资规模导致过度投资，而是选择了资金占用等其他方式享受控制权私有收益。这就支持了第二个原因，当然我们仍旧无法就此否定第一个原因，随后几章我们将对此进行深入分析。

控制变量方面。在过度投资组，除个别年份外，自由现金流（FCF）的系数显著为正，支持了自由现金流量假说，表明公司在拥有了更多自由现金流后倾向于过度投资；总资产周转率的系数基本上也都是显著为负，大量研究文献认为资产周转率越高，代理成本越低（Ang et al.，2000；李寿喜，2007；罗炜和朱春艳，2010），所以本书的结果说明代理成本越低时，过度投资现象越不严重；资产负债率的系数基本上也都通过了显著性检验，且系数符号为负，说明债务具有良好的治理作用，这与 Jensen（1986）的预期相一致，但进一步通过债务期限结构分析发现，主要是短期负债起到了显著的抑制过度投资的作用，说明在贷款软约束的情况下，长期借款反而使得过度投资更加恶化，这也与张敏等（2010）国内学者的研究成果一致。在投资不足组，盈利能力、负债等可以在不同程度上缓解投资不足。

②非财务信息与融资约束回归分析结果。

我们在理论分析时认为非财务信息影响企业投资效率的一个重要渠道在于其显著缓解了融资约束。因此本书在本部分需要对此进一步检验。本书采用模型（5-4）进行了回归。由于 *VDNF* 与 *Cfo* 的交乘项与 *VDNF*、*Cfo* 之间的相关性较高，可能导致较为严重的多重共线性，从而会降低估计结果的有效性。为消除这一不利影响，本书采用了残差中心化的方法。基本步骤如下：

首先，我们以 *VDNF* 与 *Cfo* 的交乘项为因变量，以 *VDNF* 和 *Cfo* 为自变量进行回归分析；其次，我们根据回归结果预测得到其残差值；最后，我们将回归残差代替 *VDNF* 与 *Cfo* 的交乘项代入模型（5-4）进行回归。详细估计结果见表 5-9。

表 5-9A　非财务信息与融资约束回归结果（总样本）

变量	*Coef.*	*T*	*P>T*	*Coef.*	*T*	*P>T*
Cfo	0. 331***	39. 73	0. 000	0. 331***	39. 74	0. 000
VDNF				-0. 013**	-2. 03	0. 043
VDNF×Cfo				-0. 183***	-3. 21	0. 001
Size	-0. 002	-2. 97	0. 003	-0. 002***	-2. 67	0. 008
Tobin Q	0. 001	1. 25	0. 210	0. 001	1. 31	0. 190
STD	0. 245***	42. 95	0. 000	0. 246***	43. 07	0. 000
NWC	0. 336***	50. 50	0. 000	0. 336***	50. 33	0. 000
EXPENDIT	-0. 105***	-13. 48	0. 000	-0. 105***	-13. 38	0. 000
行业	控制			控制		
年度	控制			控制		
F 值	240. 80***			222. 55***		
调整后 R^2	0. 460			0. 462		
样本数目	6482			6482		

表 5-9B 非财务信息与融资约束回归结果（2004—2008 年）

变量	*Coef.*	*T*	*P>T*	*Coef.*	*T*	*P>T*
Cfo	0.346***	33.50	0.000	0.344***	33.22	0.000
VDNF				−0.012	−1.45	0.146
VDNF×Cfo				−0.239***	−3.60	0.000
Size	−0.001	−1.27	0.205	−0.001	−1.10	0.273
Tobin Q	0.001	0.94	0.349	0.002	1.14	0.255
STD	0.240***	35.91	0.000	0.241***	36.03	0.000
NWC	0.328***	41.65	0.000	0.327***	41.44	0.000
EXPENDIT	−0.114***	−12.30	0.000	−0.114***	−12.20	0.000
行业	控制			控制		
年度	控制			控制		
F 值	178.44***			164.04***		
调整后 R^2	0.446			0.448		
样本数目	4630			4630		

表 5-9C 非财务信息与融资约束回归结果（2009—2010 年）

变量	*Coef.*	*T*	*P>T*	*Coef.*	*T*	*P>T*
Cfo	0.301***	21.10	0.000	0.301***	20.98	0.000
VDNF				−0.014	−1.26	0.207
VDNF×Cfo				0.029	0.25	0.801
Size	−0.005***	−3.81	0.000	−0.005***	−3.48	0.001
Tobin Q	0.000	0.04	0.966	0.000	0.05	0.960
STD	0.268***	23.97	0.000	0.268***	24.00	0.000
NWC	0.360***	28.61	0.000	0.361***	28.59	0.000
EXPENDIT	−0.088***	−6.10	0.000	−0.088***	−6.09	0.000
行业	控制			控制		
年度	控制			控制		
F 值	91.83***			82.72***		
调整后 R^2	0.470			0.470		
样本数目	1852			1852		

注：** 表示在 5%水平下显著，*** 表示在 1%水平下显著。

通过表 5-9 可以看出，*VDNF* 与 *Cfo* 的交乘项的系数在总样本、2004—2008 年时间段样本及 2009—2010 年时间段样本的系数分别为 -0.183、-0.239、0.029，*T* 值依次是 -3.21（P=0.001）、-3.60（P=0.000）、0.25（P=0.801），*Cfo* 在三个样本的回顾系数分别为 0.331、0.344、0.301，*T* 值依次是 39.74（P=0.000）、33.22（P=0.000）、20.98（P=0.000）。进一步通过 Chow 检验得知，2004—2008 年子样本的系数（-0.239）显著高于 2009—2010 年的子样本系数（0.029）。

通过上述结果我们可以得出以下结论：一是在 2004—2008 年，即使上市公司披露低质量的非财务信息也能赢得投资者的信任并指导其投资决策，所以也能够缓解融资约束，并且当公司披露更多非财务信息后，融资约束程度下降依次约为 55.28%（0.183/0.331）、69.48%（0.239/0.344），具有经济上的显著性，支持了假设 1。这也与唐跃军等（2008）的观点较为一致，他们认为在我国信息严重不对称、市场监管机制能力有限、其他投资者和利益相关者治理能力较低的情况下，控股股东提升信息披露赢得良好的市场声誉，迷惑市场和广大中小投资者，达到操控公司治理与管理、攫取私人利益的目的，但是他们这篇论文并没有直接检验被操纵的信息披露是否也会赢得投资者信任从而缓解融资约束。本书则从未来发展前景相关的非财务信息视角对此进行了直接检验。当然这一结论是否适合于公司管理者披露的所有信息还有待于进一步研究。二是在 2009—2010 年，上市公司披露的非财务信息没有显著缓解融资约束，并未支持假设 1。原因很可能正如前文所分析的那样，由于近年来大量虚假陈述案被曝光，这严重损害了投资者对于上市公司披露信息的信心，从而降低了对非财务信息的信任程度，并且经过 20 多年的培育，我国资本市场上投资者的知识结构、投资经验都有了明显提升，其辨别信息质量的能力越来越高，一些低质量的非财务信息已经很难赢得其信任，投资者在投资决策时已经较少地考虑低质量的非财务信息，因此其很难再进一步影响融资约束。

（4）稳健性检验。

本书在本部分将检验上市公司管理者通过披露低质量的非财务信息赢得投资者信任并缓解融资约束后，其是否一定会将所获取的超额市场资源用于扩大投资规模。由于管理者享受控制权私有收益的方式有多种，包括直接资金占用、在职消费、非效率投资，等等，扩大投资规模、进行非效率投资只是其中一种，因此非常有必要对此进行检验。为了验证非财务信息对企业投资规模的影响，本书构建了如下模型：

$$INV = \eta_0 + \eta_1 VDNF + \eta_2 Size + \eta_3 REVENUE + \eta_4 FCF + \eta_5 ROA + \eta_6 TobinQ + \eta_7 GOA + \eta_8 AT + \eta_9 LEVERGE + \varepsilon_1 \quad (5-5)$$

其中，*CONTROLVARIABLE* 表示控制变量，控制变量与模型（5-3）相同。为了控制 *VDNF* 与 *INV* 可能存在的内生性，本书在回归时 *VDNF* 的年限区间为 2004—2010 年，而 *INV* 则提前一期，为 2005—2011 年。η_1 表示非财务信息对企业投资规模的影响，如果显著为正，说明非财务信息可以缓解融资约束，从而扩大了公司投资规模；如果不显著，则说明没有扩大公司投资规模。为了控制企业投资规模和非财务信息之间可能存在的内生性，本书采用了滞后方法处理，即在回归时企业投资规模选择的是 2005—2011 年的数据，而非财务信息则依次滞后一期，选择的是 2004—2010 年的数据。本书采用模型（5-5）进行了回归分析。详细实证结果见表 5-10。

表 5-10A　非财务信息与企业投资规模回归结果（总样本）

变量	投资不足组			投资过度组		
	Coef.	*T*	*P>T*	*Coef.*	*T*	*P>T*
VDNF	0.023***	3.83	0.000	0.078***	4.30	0.000
Size	0.009***	12.03	0.000	0.004**	1.99	0.047
REVENUE	−0.002**	−2.32	0.020	−0.001	−0.72	0.469
FCF	0.062***	10.75	0.000	0.105***	7.80	0.000
ROA	0.018	1.46	0.144	−0.051	−1.23	0.219
Tobin Q	0.004***	5.42	0.000	0.017***	6.10	0.000
GOA	0.010***	2.81	0.005	0.057***	7.31	0.000
AT	0.002	1.12	0.262	−0.001	−0.20	0.845
LEVERGE	−0.030***	−6.48	0.000	−0.200***	−14.07	0.000

续表

变量	投资不足组			投资过度组		
	Coef.	*T*	*P>T*	*Coef.*	*T*	*P>T*
行业	控制			控制		
年度	控制			控制		
F 值	41.03***			31.02***		
调整后 R^2	0.204			0.251		
样本数目	4153			2329		

表 5-10B　非财务信息与企业投资规模回归结果（2004—2008 年）

变量	投资不足组			投资过度组		
	Coef.	*T*	*P>T*	*Coef.*	*T*	*P>T*
VDNF	0.041***	5.32	0.000	0.104***	4.73	0.000
Size	0.009***	9.85	0.000	0.004	1.51	0.130
REVENUE	−0.001	−1.23	0.217	−0.002	−0.99	0.322
FCF	0.078***	10.82	0.000	0.117***	7.40	0.000
ROA	0.020	1.30	0.194	−0.058	−1.21	0.228
Tobin Q	0.006***	4.59	0.000	0.016***	3.40	0.001
GOA	0.014***	3.18	0.001	0.061***	6.71	0.000
AT	0.001	0.55	0.585	−0.001	−0.09	0.930
LEVERGE	−0.038***	−6.72	0.000	−0.183***	−10.96	0.000
行业	控制			控制		
年度	控制			控制		
F 值	33.52***			24.65***		
调整后 R^2	0.214			0.249		
样本数目	2920			1710		

表 5-10C　非财务信息与企业投资规模回归结果（2009—2010 年）

变量	投资不足组			投资过度组		
	Coef.	*T*	*P>T*	*Coef.*	*T*	*P>T*
VDNF	−0.008	−0.86	0.392	0.024	0.73	0.463
Size	0.009***	7.24	0.000	0.006	1.28	0.201
REVENUE	−0.003***	−2.82	0.005	0.000	−0.03	0.977

续表

变量	投资不足组			投资过度组		
	Coef.	*T*	*P>T*	*Coef.*	*T*	*P>T*
FCF	0.031***	3.18	0.001	0.066**	2.44	0.015
ROA	0.018	0.81	0.420	-0.009	-0.11	0.913
Tobin Q	0.003***	2.87	0.004	0.016***	3.67	0.000
GOA	0.000	-0.04	0.970	0.034**	2.04	0.041
AT	0.004	1.18	0.238	-0.002	-0.16	0.870
LEVERGE	-0.010	-1.25	0.213	-0.238***	-8.48	0.000
行业	控制			控制		
年度	控制			控制		
F 值	14.83***			11.00***		
调整后 R^2	0.195			0.257		
样本数目	1233			619		

注：* 表示在 10%水平下显著，** 表示在 5%水平下显著，*** 表示在 1%水平下显著。

通过表 5-10 可以看出，在投资不足组，*VDNF* 在总样本、2004—2008 年时间段样本及 2009—2010 年时间段样本的系数分别为 0.023、0.041、-0.008，*T* 值依次是 3.83（P=0.000）、5.32（P=0.000）、-0.86（P=0.392）。在过度投资组，*VDNF* 在在总样本、2004—2008 年时间段样本及 2009—2010 年时间段样本的系数分别为 0.078、0.104、0.024，*T* 值依次是 4.30（P=0.000）、4.73（P=0.000）、0.73（P=0.463）。并且通过 Chow 检验得知，无论是在投资不足组还是投资过度组，非财务信息在 2004—2008 年子样本中的系数均显著高于 2009—2010 年子样本的系数。

上述结果表明：一是在 2004—2008 年，无论是在投资不足组还是在投资过度组，非财务信息的系数都在 1%水平下显著正相关。这说明当上市公司获得更多的市场资源后会扩大投资规模，虽然这一方面会缓解投资不足，但另一方面也会导致投资过度。二是在 2009—2010 年，无论是投资不足组还是投资过度组，非财务信息的系数均未通过显著性检验。这说明当非财务信息的质量受到质疑而不再被投资者信任时，其很难再获取更多的市场资源来扩大投资规模。

除了对非财务信息和投资规模之间的关系进行回归分析，为了保证实证结果的可靠性，本书还做了如下稳健性检验。

首先，对于企业投资效率的计算，一些文献在对增长机会还会选择总资产增长率、销售收入增长率等财务指标，因此本书使用这两个指标代替 Tobin Q 对投资效率进行了重新计算，结果未发生显著变化。并且，本书进一步借鉴 Biddle 等（2009）所使用的衡量公司投资效率模型重新进行了回归，结果未发生显著变化。其次，为了消除财务信息质量可能对结果的影响，本书分别采用盈余平滑度、盈余激进度、线下项目及可操控性应计来表示财务信息质量并把其作为控制变量对上述模型进行了重新回归，结果未发生显著变化。最后，本书借鉴 Muslu 等（2014）、Bozzolan 等（2009）的研究方法，使用披露未来发展前景的非财务信息句子数代替打分法作为替代变量，实证结果依然未发生显著变化。综上所述，本书的实证结果是稳健、可靠的。

5.2　前瞻性非财务信息、公司治理与企业投资效率

5.2.1　理论分析与研究假设

20 世纪末以来，中国开始借鉴西方成熟市场的先进经验，不断推进公司治理改革，虽然大多数公司在治理结构及治理机制等方面还有很大的改进空间，但不可否认的是公司治理的作用日益重要，其积极成效已经被广大业界和学术界人士认可。理论上，完善的公司治理可以有效抑制内部管理者的机会主义行为，提高自愿披露质量，增强自愿披露的可信性，并且这一结论也得到了大量国外经验证据的支持。那么在我国新兴市场的特殊制度背景下，公司治理能否抑制管理者披露的机会主义动机，从而提升自愿披露的非财务信息质量进而提高企业投资效率呢？投资者会不会对治理较为完善的公司自愿披露的非财务信息更加信任呢？即此类公司披露的非财务信息是否可信性更高？本章将对上述问题进行详细的理论分析并提供相应

的经验证据。

自愿披露质量与公司治理机制的设计与有效性具有密切联系（何卫东，2003）。根据以往研究文献，完善的公司治理可以通过两种途径提高自愿披露质量，增强披露动机的信息观。一是激励机制。完善的激励制度有助于保持管理者与外部投资者利益相一致，使管理者更好地为公司整体利益努力工作，从而降低道德风险，缓解代理冲突（Jensen and Meckling，1976；Jensen and Murphy，1990）。二是监督功能。公司治理作为一种重要的控制机制，可以抑制管理者的机会主义行为，能够促使那些追逐控制权私有利益的公司内部管理者所作出的决策是以公司整体价值利益最大化为原则（Denis and McConnell，2003），并且其作用不仅仅限于第一类代理问题，对主要存在于控股股东与中小股东之间的第二类代理问题也有显著的控制作用（Shleifer and Vishny，1997；Gillan，2006）。因此，对于治理更加完善的公司而言，在激励和监督的双重作用下，管理者自愿披露的机会主义观受到抑制，披露的信息观得到增强，从而提高了非财务信息质量。

大量文献发现披露信息质量较高时更容易赢得投资者信任，从而提高可信性（Healy and Palepu，2001）。Mercer（2004）认为当公司董事会机制更加完善时，投资者对于其披露的信息会更加有信心（Feel More Confidence），所以与其他公司相比，治理更加完善的公司披露的非财务信息很可能更能缓解融资约束。此外，何贤杰等（2012）发现当公司披露的有关社会责任方面的非财务信息质量更高时，可信性更强，因此其缓解融资约束的作用也更加显著。由此，本书提出如下假设：

假设3：在其他条件不变的情况下，对于治理更加完善的公司，上市公司自愿披露的有关未来发展前景的非财务信息与融资约束负相关关系更强。

较高质量且可信性更强的非财务信息能够真正缓解公司与外部投资者之间的信息不对称，有助于投资者了解公司的未来发展前景，从而更加准确地评估公司的未来价值，进而做出相应的投资决策，从而可以缓解融资约束，使得优质公司能够获得急需的资金，进而公司获取的外部融资更可能接近于公司最优所需融资额，保障高收益项目的实施，既可以避免投资不足，也会降低出现过度投资现象的概率，最终提高企业投资效率。同时，高质量的非财务信息比如有关投资项目的信息，可以使外部投资者更好地监督内部管理者的投资活动，可以抑制管理者可能会为了享受控制权私有收益而建立“商业帝国”的过度投资行为，进而提高企业投资效率。由此本书提出以下假设：

假设 4：在其他条件不变的情况下，对于治理更加完善的公司，上市公司自愿披露的有关未来发展前景的非财务信息与企业投资效率显著正相关。

5.2.2 研究设计与实证检验

5.2.2.1 研究设计

（1）公司治理指数①。

本书主要借鉴白重恩等（2005）、靳庆鲁和原红旗（2008）的研究思路，选取了董事长和总经理是否两职合一、独立董事比例、独立董事津贴、董事会规模、董事会会议次数、监事会会议次数、董事会持股比例、监事会持股比例、高级管理者持股比例、高管现金薪酬、“四委”设立个数、前十大股东是否存在关联、第一大股东持股比例、第二至第五大股东持股比例之和、Z 指数、是否同时发行 B 股或 H 股、流通股比例、是否属于国有控股、股东大会会议次数等共计 19 个指标。详细指标体系见表 5-11。

为了研究公司治理对非财务信息和企业投资效率两者关系的影响，我们基于上述分析的公司治理变量体系，构造一个可客观描述中国上市公司治理水平的综合指标（CG）。参考白重恩等（2005）、靳庆鲁和原红旗（2008）的研究方法，我们采用统计上常用的主成分分析法（Principal Component Analysis，PCA），寻找公司治理指标之间的线性组合来最大化描述公司治理的变化情况，从主成分分析法中得出的第一大主元定义为反映公司

① 从广义的角度讲，公司治理也应该包括信息披露，但是本文在此主要研究的是一些内部公司治理结构如股权结构、三会（股权大会、董事会、监事会）、薪酬体系等对上市公司自愿披露的非财务信息和企业投资效率之间的调节作用，所以从某种意义上讲这属于一种狭义的公司治理，这种研究思路也被大量学者所借鉴。比如 Bushee 和 Noe（2000）、Ho 和 Wong（2001）、Bens（2002）、Eng 和 Mak（2003）、Cheung 等（2010）、崔学刚（2004）等研究了狭义的公司治理对自愿披露的影响。靳庆鲁和原红旗（2008）采用相似的公司治理指标研究了其对股改对价的影响。

的治理水平。

表 5-11 公司治理指标体系

变量名称	变量代码	变量含义
董事长和总经理是否两职合一	*DUALITY*	虚拟变量，如果董事长和总经理为同一人则为 1，否则为 0
董事会规模	*DBS*	董事会中董事的总人数
董事会会议次数	*FREDB*	本年度董事会召开会议的次数
董事会持股比例	*SRDB*	董事会成员持有股份的比例
独立董事比例	*INDEPENDENT*	董事会中独立董事的比例
独立董事津贴	*COMIND*	独立董事津贴的自然对数
高级管理者持股比例	*SRM*	高级管理人员持有股份比例
高管现金薪酬	*CASHCOM*	前三名高管现金薪酬的自然对数
“四委”设立个数	*NCOMM*	四委（审计委员会、薪酬委员会、战略委员会和提名委员会）设立个数
监事会会议次数	*FRESUP*	年度内监事会会议次数
监事会持股比例	*SRSUP*	监事会成员持有股份比例
前十大股东是否存在关联	*RESH*	虚拟变量，如果前十大股东之间不存在政治关联则为 1，否则为 0
第一大股东持股比例	*TOP*	第一大股东持股比例
流通股比例	*TRSH*	流通股比例
Z 指数	*Z*	第一大股东持股比例/第二大股东持股比例
第二至第五大股东持股比例之和	*EQBA*	第二大至第五大股东持股比例之和
是否属于国有控股	*CONTROL*	虚拟变量，如果属于国有控股则为 1，否则为 0
发行 B 股或 H 股	*BH*	虚拟变量，如果同时发行 B 股或 H 股则为 1，否则为 0
股东大会会议次数	*FRESH*	年度内召开的股东大会会议次数

资料来源：根据白重恩等（2005）、靳庆鲁和原红旗（2008）等研究文献整理所得。

（2）模型设计。

为了验证（5-4），本书建立了以下模型：

$$\begin{aligned} INEF = {} & \alpha_0 + \alpha_1 VDNF + \alpha_2 CG + \alpha_3 VDNF \times CG \\ & + \sum \alpha_k CONTROLVARIABLE + \varepsilon_1 \end{aligned} \tag{5-6}$$

其中，*INEF* 表示企业投资效率，包括过度投资（OVER）和投资不足（UNDER）。*VDNF* 表示上市公司自愿披露的有关未来发展前景的非财务信息。*CG* 表示根据主成分分析法得到的公司治理指数。*VDNF* × *CG* 表示 *VDNF* 与 *CG* 之间的交乘项。由于 *VDNF* × *CG* 与 *VDNF* 与 *CG* 之间相关系数较高，存在的多重共线性可能使得估计效度偏低，因此本书使用了残差中心化的方法进行处理。与前文相似，为了控制企业投资效率与非财务信息之间可能存在的内生性，在回归模型中，非财务信息使用的是 2004—2010 年的数据，企业投资效率则相应地为 2005—2011 年的数据。

为了验证假设 3，本书构建了以下模型：

$$\begin{aligned} \Delta Cash = {} & \beta_0 + \beta_1 Cfo + \beta_2 Size + \beta_3 TobinQ + \beta_4 \Delta STD + \beta_5 \Delta NWC \\ & + \beta_6 Expenditure + \beta_7 VDNF + \beta_8 VDNF \times Cfo + \beta_9 VDNF \times CG \\ & + \beta_{10} CG \times Cfo + \beta_{11} VDNF \times CG \times Cfo + \beta_{12} CG + \sum Industry \\ & + \sum Year + \omega \end{aligned} \tag{5-7}$$

其中，*VDNF* × *CG* × *Cfo* 表示 *VDNF* 、*CG* 、*Cfo* 的交乘项，*VDNF* × *Cfo* 表示 *VDNF* 与 *Cfo* 的交乘项，*VDNF* × *CG* 表示 *VDNF* 与 *CG* 的交乘项，*CG* × *Cfo* 表示 *CG* 与 *Cfo* 的交乘项。与模型（5-6）相同，对于交乘项我们也采用了残差中心化的方法控制了多重共线性。其他控制变量与前文的“现金流—现金流”敏感性模型一致。

5. 2. 2. 2　实证检验

（1）描述性统计分析。

我们分别对公司治理指标各年度样本和全样本进行了描述性统计，详细结果见表 5-12。

表 5-12 公司治理变量描述性统计

变量	样本总数	均值	中位数	标准差	最小值	最大值
DUALITY	6482	0. 119	0. 000	0. 324	0. 000	1. 000
SRDB	6482	0. 356	0. 333	0. 051	0. 083	0. 667
DBS	6482	9. 334	9. 000	1. 989	3. 000	19. 000
CASHCOM	6482	13. 414	13. 469	0. 858	9. 287	16. 537
RESH	6482	0. 032	0. 000	0. 176	0. 000	1. 000
COMIND	6482	10. 582	10. 596	0. 580	0. 000	13. 775
SRDB	6482	0. 499	0. 000	4. 041	0. 000	74. 805
SRSUP	6482	0. 019	0. 000	0. 197	0. 000	5. 355
SRM	6482	0. 244	0. 000	2. 237	0. 000	52. 698
TOP	6482	0. 374	0. 354	0. 158	0. 035	0. 852
EQBA	6482	0. 142	0. 108	0. 114	0. 002	0. 588
Z	6482	24. 712	6. 133	58. 127	1. 000	1003. 596
BH	6482	0. 091	0. 000	0. 288	0. 000	1. 000
TRSH	6482	0. 601	0. 551	0. 237	0. 068	1. 000
CONTROL	6482	0. 686	1. 000	0. 464	0. 000	1. 000
FRESH	6482	2. 535	2. 000	1. 355	1. 000	14. 000
FREDB	6482	8. 647	8. 000	3. 749	2. 000	56. 000
FRESUP	6482	4. 240	4. 000	1. 772	0. 000	16. 000
NCOMM	6482	2. 877	4. 000	1. 571	0. 000	4. 000
CG	6482	-0. 004	-0. 062	1. 625	-4. 514	13. 487

为了避免异常值可能对实证结果造成的影响，因此，在采用主成分分析时，本书对最大和最小的 1%观察值采用了 Winsorize 处理。

（2）回归检验。

①非财务信息、公司治理与企业投资效率回归分析结果。

为了验证公司治理是否在非财务信息与企业投资效率之间起到了显著的调节作用，本书采用模型（5-6）进行了回归估计。为了控制内生性可能对本书结果的影响，企业投资效率在进行回归时提前了一期，即使用的是 2005—2011 年的数据。详细的结果见表 5-13。

表 5-13A　非财务信息、公司治理与企业投资效率回归结果（总样本）

变量	投资不足组			投资过度组		
	Coef.	*T*	*P>T*	*Coef.*	*T*	*P>T*
VDNF	0.026 ***	4.44	0.000	0.084 ***	4.23	0.000
CG	0.001 *	1.91	0.056	−0.003 **	−2.08	0.037
VDNF×CG	0.001	0.55	0.583	−0.037 ***	−3.95	0.000
Size	−0.002 ***	−3.42	0.001	−0.007 ***	−2.94	0.003
REVENUE	−0.001	−1.07	0.284	−0.001	−0.25	0.801
FCF	0.008	0.97	0.334	0.076 ***	2.68	0.007
ROA	0.032 ***	2.59	0.009	−0.096 **	−2.09	0.037
Tobin Q	−0.008 ***	−10.24	0.000	0.006 *	1.78	0.076
GOA	−0.009 ***	−2.66	0.008	0.163 ***	19.31	0.000
AT	0.005 **	2.27	0.023	−0.005	−0.67	0.504
LEVERGE	0.053 ***	11.94	0.000	−0.122 ***	−7.87	0.000
行业	控制			控制		
年度	控制			控制		
F 值	24.14 ***			21.61 ***		
调整后 R^2	0.145			0.208		
样本数目	4153			2329		

表 5-13B　非财务信息、公司治理与企业投资效率回归结果（2004—2008 年）

变量	投资不足组			投资过度组		
	Coef.	*T*	*P>T*	*Coef.*	*T*	*P>T*
VDNF	0.041 ***	5.56	0.000	0.118 ***	5.02	0.000
CG	0.000	0.47	0.638	−0.001	−0.78	0.435
VDNF×CG	0.001	0.20	0.844	−0.027 ***	−2.76	0.006
Size	−0.002 ***	−2.59	0.010	−0.007 ***	−2.68	0.007
REVENUE	−0.001	−1.07	0.287	−0.002	−0.87	0.385
FCF	0.011	1.10	0.273	0.068 **	2.09	0.037
ROA	0.030 **	2.00	0.045	−0.121 **	−2.28	0.023
Tobin Q	−0.008 ***	−6.58	0.000	0.006	1.22	0.224
GOA	−0.007 *	−1.67	0.094	0.171 ***	17.54	0.000
AT	0.004	1.56	0.119	−0.002	−0.23	0.814
LEVERGE	0.051 ***	9.23	0.000	−0.092 ***	−5.11	0.000

续表

变量	投资不足组			投资过度组		
	Coef.	*T*	*P>T*	*Coef.*	*T*	*P>T*
行业	控制			控制		
年度	控制			控制		
F 值	16.06***			19.02***		
调整后 R^2	0.128			0.225		
样本数目	2920			1710		

表 5-13C　非财务信息、公司治理与企业投资效率回归结果（2009—2010 年）

变量	投资不足组			投资过度组		
	Coef.	*T*	*P>T*	*Coef.*	*T*	*P>T*
VDNF	−0.005	−0.54	0.592	0.016	0.41	0.681
CG	0.002***	2.85	0.004	−0.012***	−2.78	0.006
VDNF×CG	0.012**	2.02	0.043	−0.058*	−1.79	0.074
Size	−0.003**	−2.21	0.028	−0.004	−0.80	0.425
REVENUE	0.000	−0.40	0.69	0.002	0.51	0.612
FCF	0.001	0.09	0.925	0.096*	1.67	0.096
ROA	0.041*	1.92	0.056	−0.043	−0.46	0.646
Tobin Q	−0.008***	−8.07	0	0.003	0.63	0.532
GOA	−0.015**	−2.48	0.013	0.126***	7.26	0.000
AT	0.006*	1.86	0.063	−0.012	−0.81	0.418
LEVERGE	0.057***	7.68	0	−0.195***	−6.22	0.000
行业	控制			控制		
年度	控制			控制		
F 值	13.52***			7.01***		
调整后 R^2	0.200			0.192		
样本数目	1233			619		

注：* 表示在 10%水平下显著，** 表示在 5%水平下显著，*** 表示在 1%水平下显著。

从表 5-13 可以看出，对于总样本而言，在投资不足组，公司治理与非财务信息的交乘项系数为 0.001，*T* 值是 0.55（P=0.583），在投资过度组，交乘项系数为-0.037，T 值是-3.95（P=0.000）。进一步，我们对 2004—2008 年和 2009—2010 年两个时间段进行分组回归，在投资不足组，公司治理与非财务信息的交乘项系数分别是 0.001、0.012，T 值分别是 0.20（P=0.844）、2.02（P=0.043）；在投资过度组，系数依次是-0.027、-0.058，T 值分别为-2.76（P=0.006）、-1.79（P=0.074）。

通过上述实证结果我们可以得到以下结论：

第一，无论对总样本还是分时间段进行回归，治理更加完善的公司，管理者披露的非财务信息显著降低了过度投资。这表明，近年来我国实施的一系列公司治理改革增强了公司治理的有效性，而完善的公司治理一方面可以在很大程度上抑制管理者的机会主义行为，另一方面完善的薪酬激励制度也可以使得管理者与外部投资者利益趋于一致，从而增强了自愿披露动机的信息观，提高了非财务信息质量。高质量的非财务信息可以帮助投资者更加准确地预测公司未来业绩以及评估未来价值，使得公司获取的市场资源更接近于自身所需的最优融资额，避免公司管理者持有过多的超额资源，从而可以在一定程度上防止过度投资，这与假设相一致。

第二，对于总样本和 2004—2008 年时间段而言，治理更加完善的公司披露的非财务信息并没有显著缓解投资不足，并未支持假设 4。而在 2009—2010 年，治理更加完善的公司披露的非财务信息则显著缓解了投资不足，说明在这个时间段，由于公司治理可以提高非财务信息质量，使得投资者更加信任此类公司披露的非财务信息，从而可以缓解融资约束，使得一些收益较高但限于资金困境而无法实施的项目得以进行，避免了投资不足，并最终提高了企业投资效率，支持了假设 4。

②非财务信息、公司治理与融资约束回归分析结果。

与第 3 章一致，本章进一步考察治理水平不同的公司，非财务信息和融资约束两者之间的关系是否也有所不同。详细估计结果见表 5-14。

表 5-14A　非财务信息、公司治理与融资约束回归结果（总样本）

变量	*Coef.*	*T*	*P>T*
CFO	0.328***	37.47	0.000
CG	-0.001**	-2.17	0.030
VDNF	-0.016**	-2.36	0.018
CG×VDNF×CFO	-0.034	-0.86	0.389
CG×VDNF	0.003	0.76	0.447
CG×CFO	-0.001	-0.09	0.931
VDNF×CFO	-0.199***	-3.26	0.001
Size	-0.002***	-2.84	0.005
Tobin Q	0.001	0.95	0.342
STD	0.247***	41.29	0.000
NWC	0.334***	48.21	0.000
EXPENDIT	-0.102***	-12.62	0.000
行业	控制		
年度	控制		
F 值	173.60***		
调整后 R^2	0.451		
样本数目	6482		

表 5-14B　非财务信息、公司治理与融资约束回归结果（分区间）

变量	2004—2008 年			2009—2010 年		
	Coef.	*T*	*P>T*	*Coef.*	*T*	*P>T*
CFO	0.345***	32.04	0.000	0.301***	18.15	0.000
CG	-0.001	-1.11	0.269	-0.002	-1.61	0.108
VDNF	-0.011	-1.29	0.197	-0.019	-1.58	0.113
CG×VDNF×CFO	0.003	0.08	0.936	-0.265***	-2.64	0.008
CG×VDNF	0.003	0.81	0.418	0.008	0.74	0.457
CG×CFO	0.002	0.15	0.883	-0.036	-1.31	0.189
VDNF×CFO	-0.210***	-2.97	0.003	-0.086	-0.66	0.511
Size	-0.001	-1.21	0.225	-0.005***	-3.24	0.001
Tobin Q	0.001	1.03	0.304	0.000	-0.24	0.809
STD	0.241***	35.12	0.000	0.266***	22.10	0.000

续表

变量	2004—2008 年			2009—2010 年		
	Coef.	*T*	*P>T*	*Coef.*	*T*	*P>T*
NWC	0. 327 ***	40. 22	0. 000	0. 355 ***	26. 56	0. 000
EXPENDIT	-0. 113 ***	-11. 77	0. 000	-0. 083 ***	-5. 41	0. 000
行业	控制			控制		
年度	控制			控制		
F 值	131. 99 ***			57. 64 ***		
调整后 R^2	0. 448			0. 438		
样本数目	4630			1852		

注：** 表示在 5%水平下显著，*** 表示在 1%水平下显著。

通过表 5-14 可以看出，非财务信息、公司治理与 *CFO* 三交乘项的系数在总样本、2004—2008 年以及 2009—2010 年依次为-0. 034、0. 003、-0. 265，*T* 值分别是-0. 86（P=0. 389）、0. 08（P=0. 936）、-2. 64（P=0. 008）；非财务信息与 *CFO* 交乘项的系数在总样本、2004—2008 年以及 2009—2010 年依次为-0. 199、-0. 210、-0. 086，*T* 值分别是-3. 26（P=0. 001）、-2. 97（P=0. 003）、-0. 66（P=0. 511）。

通过上述分析结果我们可以得到以下结论：对于 2009—2010 年的子样本而言，非财务信息、公司治理与 *CFO* 三交乘项的系数通过了 1%水平的显著性检验，并且通过 *T* 检验，发现其系数在 1%显著性水平下高于非财务信息与 *CFO* 交乘项的系数，说明对于这部分样本，治理更加完善的公司披露的高质量非财务信息赢得了投资者信任，所以显著缓解了融资约束，与假设 3 一致。然而，对于 2004—2008 年的子样本而言，投资者并未对治理更加完善的公司披露的非财务信息给予更高的信任，所以与其他公司相比，这类公司披露的非财务信息并没有更加显著地缓解融资约束，并未支持假设 3。这说明治理更加完善的公司披露的非财务信息虽然质量更高，但是其可信性并未像基于西方成熟市场的经验证据那样随之也有所提高。原因可能在于：我国公司治理发展期限较短，虽然已经受到学者及相关政府部门的重视，但这种观念可能并未深入到投资者内心，所以在进行决策时可能较少考虑到公司治理的优劣，或者即使有部分投资者已经注意到了公司治理的重要作用，但由于公司治理评价需要大量的专业知识，而我国投资者可能受限于知识结构、精力等因素，难以对公司治理进行全面、系统、准确的评价。近年来，我国公司治理改革力度不断加大，加之媒体、专家学者对于公司治理的宣传，其重要作用吸引了大量投资者的关注，并且随着资本市场不断发展，我国投资者也越来越成熟，其准确、系统评价公司治理的能力也越来越强，因此其在进行决策时会较多地考虑到公司治理因素。

③稳健性检验。

与第 3 章一致，本章进一步考察治理不同的公司，非财务信息和投资规模两者之间的关系是否也有所不同。为了验证这一问题，本书构建了模型（5-8），具体如下：

$$\begin{aligned} INV = &\eta_0 + \eta_1 VDNF + \eta_2 CG + \eta_3 VDNF \times CG + \eta_4 Size \\ &+ \eta_5 REVENUE + \eta_6 FCF + \eta_7 ROA + \eta_8 TobinQ \\ &+ \eta_9 GOA + \eta_{10} AT + \eta_{11} LEVERGE + \varepsilon_1 \end{aligned} \tag{5-8}$$

其中，$VDNF \times CG$ 表示 $VDNF$ 与 CG 之间的交乘项。由于交乘项与 $VDNF$、CG 之间的相关系数较高，比如 $VDNF \times CG$ 与 CG 的相关系数为 0.886，所以将这些变量放入同一个模型可能会带来严重的多重共线性从而影响估计效度。因此，本书延续第 3 章的思路，采用残差中心化的方法处理这一问题。为了控制企业投资规模与非财务信息之间的内生性，借鉴第 3 章的思路，采用了滞后期处理的方法，即企业投资规模使用的是 2005—2011 年的数据，而非财务信息使用的是 2004—2010 年的数据。具体估计结果见表 5-15。

表 5-15A　非财务信息、公司治理与企业投资规模回归结果（总样本）

变量	投资不足组			投资过度组		
	Coef.	*T*	*P>T*	*Coef.*	*T*	*P>T*
VDNF	0.023***	3.43	0.001	0.076***	4.02	0.000
CG	0.004***	8.91	0.000	0.001	0.43	0.669
VDNF×CG	-0.001	-0.41	0.683	-0.034***	-4.04	0.000
Size	0.010***	12.30	0.000	0.005**	2.48	0.013
REVENUE	-0.001*	-1.82	0.069	-0.003	-1.34	0.180

续表

变量	投资不足组			投资过度组		
	Coef.	T	P>T	Coef.	T	P>T
FCF	0.038 ***	4.14	0.000	0.054 **	2.02	0.043
ROA	0.021	1.50	0.135	-0.031	-0.72	0.474
Tobin Q	0.004 ***	4.42	0.000	0.019 ***	6.36	0.000
GOA	0.006	1.56	0.119	0.048 ***	6.01	0.000
AT	0.002	0.68	0.495	0.001	0.13	0.896
LEVERGE	-0.029 ***	-5.66	0.000	-0.188 ***	-12.83	0.000
行业	控制			控制		
年度	控制			控制		
F 值	32.36 ***			26.35 ***		
调整后 R^2	0.186			0.238		
样本数目	4153			2329		

表 5-15B　非财务信息、公司治理与企业投资规模回归结果（2004—2008 年）

变量	投资不足组			投资过度组		
	Coef.	T	P>T	Coef.	T	P>T
VDNF	0.040 ***	4.97	0.000	0.104 ***	4.58	0.000
CG	0.003 ***	4.98	0.000	0.002	1.28	0.202
VDNF×CG	-0.003	-1.01	0.314	-0.027 ***	-3.07	0.002
Size	0.010 ***	10.37	0.000	0.005 **	2.09	0.037
REVENUE	-0.001	-0.78	0.437	-0.003	-1.52	0.129
FCF	0.039 ***	3.51	0.000	0.056 *	1.80	0.072
ROA	0.031 *	1.92	0.055	-0.056	-1.11	0.268
Tobin Q	0.005 ***	3.67	0.000	0.018 ***	3.72	0.000
GOA	0.009	1.93	0.053	0.052 ***	5.64	0.000
AT	0.001	0.36	0.723	0.002	0.22	0.826
LEVERGE	-0.035 ***	-5.82	0.000	-0.173 ***	-10.05	0.000
行业	控制			控制		
年度	控制			控制		
F 值	25.55 ***			20.62 ***		
调整后 R^2	0.193			0.233		
样本数目	2920			1710		

表 5-15C 非财务信息、公司治理与企业投资规模回归结果（2009—2010 年）

变量	投资不足组			投资过度组		
	Coef.	*T*	*P>T*	*Coef.*	*T*	*P>T*
VDNF	-0.013	-1.10	0.273	0.028	0.78	0.437
CG	0.008***	8.58	0.000	-0.005	-1.30	0.194
VDNF×CG	0.014*	1.87	0.062	-0.053*	-1.74	0.083
Size	0.010***	6.44	0.000	0.007	1.43	0.153
REVENUE	-0.002*	-1.90	0.057	-0.001	-0.25	0.806
FCF	0.040**	2.42	0.016	0.051	0.95	0.340
ROA	-0.001	-0.05	0.959	0.039	0.44	0.658
Tobin Q	0.002	1.47	0.142	0.017***	3.96	0.000
GOA	-0.001	-0.19	0.847	0.025	1.54	0.124
AT	0.001	0.23	0.818	-0.002	-0.16	0.877
LEVERGE	-0.016*	-1.70	0.089	-0.224***	-7.69	0.000
行业	控制			控制		
年度	控制			控制		
F 值	13.45***			9.79***		
调整后 R^2	0.199			0.256		
样本数目	1233			619		

注：* 表示在 10%水平下显著，** 表示在 5%水平下显著，*** 表示在 1%水平下显著。

通过表 5-15 可以看出，在投资不足组，非财务信息与公司治理的交乘项在总样本、2004—2008 年以及 2009—2010 年的系数分别是-0.001、-0.003、0.014，*T* 值分别为-0.41（P=0.683）、-1.01（P=0.314）、1.87（P=0.062）；在投资过度组，非财务信息与公司治理交乘项的系数依次是-0.034、-0.027、-0.053，*T* 值依次是-4.04（P=0.000）、-3.07（P=0.002）、-1.74（P=0.083）。

通过上述结果我们可以得出以下结论：

第一，对于投资过度组，当公司治理更加完善时，高质量的非财务信息有助于投资者准确评估公司未来绩效和公司价值，所以其获得的市场资源更接近于自身所需的最优融资额，从而可以在一定程度上避免公司管理者拥有更多的超额资源来扩大投资规模。同时一些高质量的非财务信息如有关投资项目的信息可以帮助投资者更好地监督管理者的投资活动，防止其为了享受控制权私有收益扩大投资、建立“商业帝国”等行为。

第二，对于投资不足组，2004—2008 年，虽然公司治理可以在一定程度上提高非财务信息质量，但是投资者并没有对质量更高的非财务信息给予更多的关注和信任，所以其并没有显著缓解融资约束、获得更多的市场资源，因此其投资规模也没有显著增加。然而在 2009—2010 年时间段样本，由于近年来爆发的一系列虚假陈述案严重损害了投资者信心及随着投资者本身能力的提高，其并非对所有的非财务信息都加以信任，而是会选择一些机制比如公司治理来判断信息质量，认为治理更加完善的公司披露的非财务信息可信性较高。因此与其他公司相比，治理更加完善的公司披露的非财务信息可以显著缓解融资约束，使得那些收益较高的投资项目也可以得以实施，从而扩大了投资规模，避免了投资不足，最终提高了投资效率。

与前文相似，本章除对非财务信息、公司治理和投资规模之间的关系进行回归分析外，还做了如下稳健性检验：

首先，对于公司投资效率的计算，一些文献在对增长机会还会选择总资产增长率、销售收入增长率等财务指标，因此本书使用这两个指标代替 Tobin Q 对投资效率进行了重新计算，结果未发生显著变化。并且，本书进一步借鉴 Biddle 等（2009）所使用的衡量公司投资效率模型重新进行了回归，结果未发生显著变化。其次，为了消除财务信息质量可能对结果的影响，本书又分别采用盈余平滑度、盈余激进度、线下项目及可操控性应计来表示财务信息质量并把其作为控制变量对上述模型进行了重新回归，结果未发生显著变化。最后，本书借鉴 Muslu 等（2014）、Bozzolan 等（2009）的研究方法，使用披露的未来发展前景的非财务信息句子数代替打分法作为替代变量，实证结果依然未发生显著变化。综上所述，本书的实证结果是稳健、可靠的。

5.3 前瞻性非财务信息、信息披露考评与企业投资效率

5.3.1 理论分析与研究假设

自愿披露信息质量除了受公司治理显著影响外，同时也与外部市场监管有着密切联系（Healy and Palepu，2001）。为了加强对上市公司信息披露质量的监管，约束上市公司不实的信息披露行为，深圳证券交易所从2001年开始对在深交所上市公司的信息披露情况进行考评。本章将考察深交所的信息披露考评是否有助于提高上市公司自愿披露的有关未来发展前景的非财务信息质量，增强其可信性，从而提高企业投资效率。

为了更好地规范上市公司信息披露行为，提高上市公司信息披露质量，深圳证券交易所在2001年5月10日发布了《深圳证券交易所上市公司信息披露考核办法》①，根据该考核办法，深交所每年对上市公司的信息披露情况进行评级，考核结果分为优秀、良好、及格、不及格四个等级。2004年7月30日，深圳证券交易所在其网站（www.szse.cn）的“诚信档案”中公布了所有深市上市公司三年来的信息披露考评结果，这是我国上市公司中唯一权威机构发布的公开信息披露评价记录。

学术界大量文献采用此信息披露考评结果作为披露质量的替代变量，取得了卓有成效的结果。如曾颖和陆正飞（2006）发现信息披露考评结果越好的公司，边际股权融资成本越低；于富生和张敏（2007）的实证结果则表明，信息披露考评结果也会影响债务成本，并且企业的市场风险越大，其对债务成本的影响程度也越高。张宗新等（2007）的实证结果表明，信息披露考

① 该考核办法以一个年度为一个考评期间，对当年上市满6个月的上市公司信息披露工作进行考评。此项考评以上市公司该年度每一次信息披露行为为依据，分等级对上市公司信息披露内容的及时性、准确性、完整性、合法性四方面进行考核。考评内容同时包括董事会秘书的信息披露工作情况，该年度上市公司与交易所工作配合情况和受到的奖惩情况。考评既针对公司对强制披露规定的履行情况，同时也会兼顾自愿披露的真实性和合法性考核。上市公司每年的考核评级情况都会于次年年初在深圳证券交易所网站上公布。为了增强信息披露核查的权威性，深圳证券交易所通过内部培养、对外招聘等方式建立起一支高效、精干的监管队伍，同时规定将核查结果作为交易所评价上市公司及董事会秘书信息披露工作的依据。

评等级越高，市场表现和财务绩效也越佳；权小锋和吴世农（2010）则进一步发现信息披露考评等级越高的公司，企业绩效的波动性越低。此外，还有一些学者从投资者权益保护的视角研究了信息披露考评的经济后果，如韩慧博（2007）以信息披露考评结果作为信息披露质量的替代变量，发现其对大股东的利益侵占行为尤其是担保行为具有一定的抑制作用，对识别风险较高的线下项目盈余管理、应计利润盈余管理都具有显著的抑制作用，但是对识别风险较低的实际业务盈余管理行为影响并不显著。杜兴强和周泽将（2009）以管理营业费用率和总资产周转率作为代理成本的替代变量，发现无论是在简单的多元回归，还是在控制自选择偏差的 Heckman 两阶段回归分析中，实证研究结果均支持了高质量的信息披露，可以有效地降低代理成本。

上述研究文献表明深交所实施的信息披露考评具有积极的经济后果，既可以帮助企业缓解融资约束，同时还可以抑制管理者的机会主义行为，降低代理成本，保护投资者权益。本书认为信息披露考评结果同样会显著影响上市公司自愿披露的有关未来发展前景的非财务信息质量，具体途径有两条：

一是间接渠道。信息披露考评的一个重要考核内容就是强制披露质量，强制披露质量越高的公司更容易获得较优的考评等级。大量的研究表明，强制披露可以为自愿披露提供可鉴证性的保障（Healy and Palepu，2001）。Gigler 和 Hemmer（1998）认为及时性很差的强制披露之所以存在的一个重要功能就是为自愿披露质量提供真实性保证。Sansing（1992）的单阶段博弈模型表明强制披露能够保证管理者自愿披露部分真实的信息。Stocken（2000）的多阶段博弈模型表明如果惩罚足够大，强制披露可以保证自愿披露的真实性。因此，管理者虚假披露的动机观很可能会因为担心事后被高质量的强制披露暴露而得到抑制，从而可以削弱管理者自愿披露动机的机会主义观。

二是直接渠道。信息披露考评除了考虑强制披露之外，同时还兼顾了上市公司自愿披露的真实性和合法性，那些自愿披露高质量非财务信息的公司也更容易获得较优的考评等级。

综上所述，信息披露考评等级越高的公司，一方面强制披露质量较高，可以为自愿披露的非财务信息起到事后鉴证的作用，另一方面其还会直接对非财务信息的可靠性和真实性进行考核，所以其可以在很大程度上提高非财务信息质量。当非财务信息质量更高时，其可信性也往往会随之增强（Healy and Palepu，2001；Mercer，2004），并且公司的信息披露被评为优秀或良好时，也可以提升公司的声誉，使得其披露的非财务信息更容易赢得投资者的信任。因此，与其他公司相比，这类公司披露的可信性更强的非财务信息很可能更能缓解融资约束①。由此本书提出以下假设：

假设5：在其他条件不变的情况下，对于信息披露考评结果较高的公司，上市公司自愿披露的有关未来发展前景的非财务信息与融资约束负相关关系更加显著。

对于那些信息披露等级较高的公司，高质量且更加可信的非财务信息可以真正缓解公司内部控制人与外部投资者之间的信息不对称，提高资本市场资源配置效率，缓解公司融资约束，使得公司可以获得更接近于自身所需最优融资的市场资源，从而既使得那些收益较高但面临资金限制的项目得以实施，缓解投资不足，同时也可以避免公司获得超额资源，防止过度投资。同时，高质量的非财务信息如有关投资项目的非财务信息，可以使企业的经营决策和项目实施进展置于大众的有效监督之下，使得管理层决策行为的效果能够及时跟踪和调查，促使管理者在进行投资决策时更加稳健和谨慎，从而减少非效率的投资行为，进而抑制过度投资（张纯和吕伟，2009；权小锋和吴世农，2010）。由此本书提出以下假设：

假设6：在其他条件不变的情况下，对于信息披露考评结果较高的公司，上市公司自愿披露的有关未来发展前景的非财务信息与企业投资效率显著正相关。

---

① 何贤杰等（2012）研究社会责任方面的非财务信息与融资约束之间的关系，他们的实证结果表明当非财务信息质量更高时，其缓解融资约束的作用更强。

5.3.2　研究设计与实证检验

5.3.2.1　研究设计

（1）变量设计。

本书借鉴杜兴强和周泽将（2009）、权小锋和吴世农（2010）等将信息披露考评结果为优秀或良好的定义为优良公司，如果属于这类公司则为 1，其他合格或不合格的公司为 0。由前文可知，由于上市公司自愿披露的有关未来发展前景的非财务信息影响投资效率的一个重要机制是通过缓解融资约束的传导效应，而深交所都是在次年公布上一年度的信息披露考评情况，所以投资者在依赖信息披露考评判断非财务信息质量时只能参考往年的考评结果，并且在样本区间内，上一年度被评为优秀或优良的公司有 82% 在本年度依然为优秀或良好，相近两年的考评结果具有较强的相关性，因此，本书在进行实证研究采用的是上一年度的信息披露考评结果。同时，为了研究投资者是否还会依赖以往更多年度的考评结果，本书又进一步将自 2001 年至上一年度一直被评为优秀或良好的公司定义为一直优良的公司，如果属于这类公司则为 1①，否则为 0。

（2）模型设计。

为了验证假设 6，本书构建了如下模型：

$$\begin{aligned} INEF = {} & \alpha_0 + \alpha_1 VDNF + \alpha_2 DEGREE_i + \alpha_3 VDNF \times DEGREE_i \\ & + \alpha_4 Size + \alpha_5 REVENUE + \alpha_6 FCF + \alpha_7 ROA \\ & + \alpha_8 TobinQ + \alpha_9 GOA + \alpha_{10} AT + \alpha_{11} LEVERGE + \varepsilon_1 \end{aligned} \tag{5-9}$$

其中，*INEF* 表示公司投资效率，包括过度投资（OVER）和投资不足（UNDER）。*VDNF* 表示上市公司自愿披露的有关未来发展前景的非财务信息。$DEGREE_i$ 表示信息披露考评结果，当 $i=1$ 时，表示上一年度信息披露考评结果为优秀或良好，当 $i=2$ 时，表示以前年度信息披露考评结果一直为优秀或良好。$VDNF \times DEGREE_i$ 表示 *VDNF* 与 $DEGREE_i$ 的交乘项。由于 $VDNF \times DEGREE_i$ 与 *VDNF* 和 $DEGREE_i$ 之间相关系数较高，存在的多重共线性可能使得估计效度

① 如果公司是 2001 年以后上市，则从其上市之后第一次的信息披露考评结果开始计算。

偏低，因此本书使用了残差中心化的方法进行了处理。同时，为了控制非财务信息与企业投资效率之间可能存在的内生性，本书在回归时 *VDNF* 的年限区间为 2004—2010 年，而 *INEF* 则提前一期，为 2005—2011 年。

为了验证假设 5，本书构建了以下模型：

$$\begin{aligned}\Delta Cash = &\beta_0 + \beta_1 Cfo + \beta_2 Size + \beta_3 TobinQ + \beta_4 \Delta STD + \beta_5 \Delta NWC \\ &+ \beta_6 Expenditure + \beta_7 VDNF + \beta_8 VDNF \times Cfo + \beta_9 VDNF \times DEGREE_i \\ &+ \beta_{10} DEGREE_i \times Cfo + \beta_{11} VDNF \times DEGREE_i \times Cfo + \beta_{12} DEGREE_i \\ &+ \sum Industry + \sum Year + \omega \end{aligned} \quad (5-10)$$

其中，$VDNF \times DEGREE_i \times Cfo$ 表示 $VDNF$、$DEGREE_i$、Cfo 的交乘项。$VDNF \times DEGREE_i$ 表示 $VDNF$ 与 $DEGREE_i$ 的交乘项，$DEGREE_i \times Cfo$ 表示 $DEGREE_i$ 与 Cfo 的交乘项。其他控制变量与第 3 章的“现金流—现金流”敏感性模型一致。

5.3.2.2 实证检验

（1）描述性统计分析。

我们分别对各年度的信息披露考评结果进行了描述性统计，详细结果见表 5-16、表 5-17。

表 5-16 信息披露考评结果描述性统计

年份	样本总数	优秀		良好		合格		不合格	
		公司数目（家）	百分比（%）	公司数目（家）	百分比（%）	公司数目（家）	百分比（%）	公司数目（家）	百分比（%）
2001	344	26	7. 558	136	39. 535	170	49. 419	12	3. 488
2002	345	35	10. 145	181	52. 464	113	32. 754	16	4. 638
2003	345	34	9. 855	191	55. 362	107	31. 014	13	3. 768
2004	345	23	6. 667	226	65. 507	89	25. 797	7	2. 029
2005	345	35	10. 145	210	60. 870	88	25. 507	12	3. 478
2006	345	33	9. 565	193	55. 942	109	31. 594	10	2. 899
2007	345	33	9. 565	169	48. 986	130	37. 681	13	3. 768
2008	345	37	10. 725	200	57. 971	99	28. 696	9	2. 609

续表

年份	样本总数	优秀		良好		合格		不合格	
		公司数目（家）	百分比（%）	公司数目（家）	百分比（%）	公司数目（家）	百分比（%）	公司数目（家）	百分比（%）
2009	345	40	11.594	225	65.217	72	20.870	8	2.319
2010	345	42	12.174	236	68.406	60	17.391	7	2.029
合计	3449	338	9.800	1967	57.031	1037	30.067	107	3.102

表 5-17　信息披露考评结果始终为优秀或良好的描述性统计

考评结果	2004 年		2005 年		2006 年	
	公司数目(家)	百分比(%)	公司数目(家)	百分比(%)	公司数目(家)	百分比(%)
一直优良	100	28.986	87	25.217	77	22.319
考评结果	2007 年		2008 年		2009 年	
	公司数目(家)	百分比(%)	公司数目(家)	百分比(%)	公司数目(家)	百分比(%)
一直优良	66	19.130	46	13.333	40	11.594
考评结果	2010 年		合计			
	公司数目(家)	百分比(%)	公司数目(家)		百分比(%)	
一直优良	36	10.435	452		18.716	

通过表 5-16 可以看出，信息披露考评结果为优秀的公司数目 2001—2010 年分别是 26 家、35 家、34 家、23 家、35 家、33 家、33 家、37 家、40 家、42 家，总计 338 个样本，所占比例基本每年都在 10%左右，其中最低的为 2004 年，占 6.667%，最高的是 2010 年，为 12.174%。增长幅度最高的是 2002 年，由上一年度的 26 家变为 35 家，而下降幅度最高的是 2004 年，由上一年度的 34 家变为 23 家，其他年份的变动幅度都很小。信息披露考评良好的公司数目 2001—2010 年依次是 136 家、181 家、191 家、226 家、210 家、193 家、169 家、200 家、225 家、236 家，总计为 1967 个样本，在四类考评结果中公司数目最多，平均为 57.031%。其中，2001 年良好的公司数目最少为 136 家，所占比例为 39.535%，2010 年公司数目最多，为 236 家，所占比例为 68.406%。增长幅度最高的是 2002 年，由上一年度的 136 家增长到 181 家，下降幅度最高的是 2007 年，由上一年度的 193 家下降至 169 家。信息披露考评结果为合格的公司数目 2001—2010 年分别是 170 家、113 家、107 家、89 家、88 家、109 家、130

家、99家、72家、60家，总计1037个样本。其中，2001年公司数目最多，为170家，所占比例为49.419%，而公司数目最少的是2010年，为60家所占比例仅为17.391%。增长幅度最高的年份是2006年和2007年，均增加了21家，而下降幅度最高的是2002年，由上一年度的170家下跌至113家。信息披露考评不合格的公司数目2001—2010年分别是12家、16家、13家、7家、12家、10家、13家、9家、8家、7家，总计为107个样本，在四类考评结果中公司数目最少。其中2002年不合格公司数目最多，为16家，所占比例为4.638%，2004年和2010年不合格公司数目最少，都是7家，所占比例为2.029%。增长幅度最高的是2002年，由上一年度的12家增加至16家，而下降幅度最高的是2004年，由上一年度的13家下跌至7家。

通过表5-17可以看出，信息披露考评结果在以前年度一直都是优秀或良好的公司在2004—2010年依次是100家、87家、77家、66家、46家、40家、36家，所占比例分别为28.986%、25.217%、22.319%、19.130%、13.333%、11.594%、10.435%。这表明从2001—2003年连续三年考评结果为优秀或优良的公司数目有100家，但是2001—2009年连续九年考评结果为优秀或良好的仅有36家，所占比例为10.435%。

（2）假设检验。

①非财务信息、信息披露考评与企业投资效率回归分析结果。

为了验证信息披露考评对非财务信息和企业投资效率之间的调节作用，本书采用模型（5-9）进行了回归估计。为了控制内生性可能对本书结果的影响，企业投资效率在进行回归时提前了一期，即使用的是2005—2011年的数据。详细的结果见表5-18。

表5-18A 非财务信息、上年度信息披露考评与企业投资效率回归分析结果（深市总样本）

变量	投资不足组			投资过度组		
	Coef.	*T*	*P>T*	*Coef.*	*T*	*P>T*
VDNF	0.036***	3.82	0.000	0.073**	2.08	0.038
$DEGREE_1$	0.010***	5.02	0.000	-0.040***	-5.23	0.000

续表

变量	投资不足组			投资过度组		
	Coef.	*T*	*P>T*	*Coef.*	*T*	*P>T*
VDNF×*DEGREE*$_1$	0.047***	3.27	0.001	-0.191***	-3.68	0.000
Size	-0.005***	-4.31	0.000	-0.005	-1.25	0.212
REVENUE	-0.002	-1.39	0.163	-0.001	-0.26	0.797
FCF	-0.015	-1.25	0.211	0.003	0.06	0.954
ROA	0.040**	2.15	0.032	0.081	1.09	0.276
Tobin Q	-0.008***	-7.04	0.000	-0.001	-0.26	0.792
GOA	-0.013**	-2.34	0.020	0.141***	10.16	0.000
AT	0.006*	1.68	0.093	-0.007	-0.57	0.567
LEVERGE	0.066***	9.31	0.000	-0.122***	-4.85	0.000
行业	控制			控制		
年度	控制			控制		
F 值	14.91***			9.66***		
调整后 R^2	0.195			0.228		
样本数目	1609			806		

表 5-18B　非财务信息、上年度信息披露考评与企业投资效率回归结果（2004—2008 年）

变量	投资不足组			投资过度组		
	Coef.	*T*	*P>T*	*Coef.*	*T*	*P>T*
VDNF	0.034***	2.99	0.003	0.097**	2.30	0.022
DEGREE$_1$	0.008***	3.31	0.001	-0.034***	-3.79	0.000
VDNF×*DEGREE*$_1$	0.032*	1.88	0.060	-0.152**	-2.50	0.013
Size	-0.004***	-2.78	0.006	-0.006	-1.19	0.236
REVENUE	-0.001	-0.81	0.418	-0.003	-0.68	0.497
FCF	-0.011	-0.75	0.453	0.035	0.62	0.533
ROA	0.058***	2.61	0.009	0.094	1.06	0.291
Tobin Q	-0.010***	-5.28	0.000	0.001	0.17	0.863
GOA	-0.013**	-2.09	0.037	0.141***	8.60	0.000

续表

变量	投资不足组			投资过度组		
	Coef.	*T*	*P>T*	*Coef.*	*T*	*P>T*
AT	0.002	0.46	0.646	−0.008	−0.49	0.625
LEVERGE	0.058***	6.97	0.000	−0.066**	−2.09	0.037
行业	控制			控制		
年度	控制			控制		
F 值	9.96***			7.64***		
调整后 R^2	0.170			0.220		
样本数目	1141			584		

表 5-18C 非财务信息、上年度信息披露考评与企业投资效率回归结果（2009—2010 年）

变量	投资不足组			投资过度组		
	Coef.	*T*	*P>T*	*Coef.*	*T*	*P>T*
VDNF	0.017	1.02	0.306	0.024	0.36	0.722
$DEGREE_1$	0.011**	2.45	0.015	−0.053***	−2.61	0.010
$VDNF \times DEGREE_1$	0.087***	2.67	0.008	−0.241*	−1.75	0.081
Size	−0.007***	−3.34	0.001	−0.001	−0.11	0.916
REVENUE	−0.003	−1.49	0.136	0.002	0.38	0.706
FCF	−0.019	−0.90	0.371	−0.065	−0.73	0.466
ROA	0.003	0.07	0.942	0.050	0.34	0.731
Tobin Q	−0.007***	−4.50	0.000	−0.010	−1.29	0.198
GOA	−0.010	−0.93	0.352	0.104***	3.70	0.000
AT	0.013**	2.22	0.027	−0.005	−0.24	0.811
LEVERGE	0.082***	5.94	0.000	−0.235***	−5.25	0.000
行业	控制			控制		
年度	控制			控制		
F 值	8.11***			4.32***		
调整后 R^2	0.259			0.249		
样本数目	468			222		

表 5-18D 非财务信息、以往年度信息披露考评与企业投资效率回归结果（深市总样本）

变量	投资不足组			投资过度组		
	Coef.	*T*	*P>T*	*Coef.*	*T*	*P>T*
VDNF	0. 034***	3. 66	0. 000	0. 119***	3. 41	0. 001
$DEGREE_2$	0. 010***	4. 49	0. 000	−0. 051***	−6. 47	0. 000
$VDNF \times DEGREE_2$	0. 078***	5. 16	0. 000	−0. 270***	−5. 13	0. 000
Size	−0. 005***	−4. 13	0. 000	−0. 006	−1. 48	0. 139
REVENUE	−0. 001	−1. 25	0. 211	0. 000	0. 02	0. 982
FCF	−0. 015	−1. 25	0. 212	0. 007	0. 14	0. 886
ROA	0. 040**	2. 14	0. 032	0. 061	0. 83	0. 405
Tobin Q	−0. 008***	−7. 05	0. 000	0. 003	0. 64	0. 523
GOA	−0. 010*	−1. 91	0. 056	0. 133***	9. 74	0. 000
AT	0. 007*	1. 95	0. 052	−0. 014	−1. 17	0. 243
LEVERGE	0. 063***	8. 98	0. 000	−0. 118***	−4. 78	0. 000
行业	控制			控制		
年度	控制			控制		
F 值	15. 35***			11. 12***		
调整后 R^2	0. 200			0. 257		
样本数目	1609			806		

表 5-18E 非财务信息、以往年度信息披露考评与企业投资效率回归结果（2004—2008 年）

变量	投资不足组			投资过度组		
	Coef.	*T*	*P>T*	*Coef.*	*T*	*P>T*
VDNF	0. 034***	3. 00	0. 003	0. 109***	2. 64	0. 009
$DEGREE_2$	0. 009***	3. 32	0. 001	−0. 051***	−5. 54	0. 000
$VDNF \times DEGREE_2$	0. 057***	3. 18	0. 002	−0. 277***	−4. 32	0. 000
Size	−0. 004***	−2. 77	0. 006	−0. 006	−1. 22	0. 222
REVENUE	−0. 001	−0. 80	0. 425	−0. 002	−0. 45	0. 651
FCF	−0. 010	−0. 68	0. 499	0. 030	0. 54	0. 589

续表

变量	投资不足组			投资过度组		
	Coef.	*T*	*P>T*	*Coef.*	*T*	*P>T*
ROA	0.057***	2.59	0.010	0.076	0.86	0.387
Tobin Q	-0.009***	-4.93	0.000	0.007	0.86	0.389
GOA	-0.011*	-1.78	0.075	0.135***	8.41	0.000
AT	0.003	0.67	0.505	-0.014	-0.91	0.363
LEVERGE	0.057***	6.86	0.000	-0.071**	-2.30	0.022
行业	控制			控制		
年度	控制			控制		
F 值	10.21***			8.88***		
调整后 R^2	0.174			0.251		
样本数目	1141			584		

表 5-18F　非财务信息、以往年度信息披露考评与企业投资效率回归结果（2009—2010 年）

变量	投资不足组			投资过度组		
	Coef.	*T*	*P>T*	*Coef.*	*T*	*P>T*
VDNF	0.028	1.61	0.109	0.095	1.37	0.172
$DEGREE_2$	0.007	1.54	0.124	-0.053**	-2.14	0.033
$VDNF \times DEGREE_2$	0.153***	4.66	0.000	-0.263*	-1.69	0.092
Size	-0.006***	-2.98	0.003	-0.003	-0.34	0.737
REVENUE	-0.002	-1.25	0.212	0.003	0.53	0.596
FCF	-0.028	-1.29	0.196	-0.048	-0.54	0.592
ROA	0.000	0.01	0.991	0.019	0.13	0.897
Tobin Q	-0.008***	-4.71	0.000	-0.004	-0.49	0.622
GOA	-0.007	-0.72	0.473	0.097***	3.45	0.001
AT	0.015**	2.45	0.015	-0.013	-0.67	0.505
LEVERGE	0.075***	5.56	0.000	-0.219***	-4.93	0.000
行业	控制			控制		
年度	控制			控制		
F 值	8.66***			4.45***		
调整后 R^2	0.274			0.256		
样本数目	468			222		

注：* 表示在 10%水平下显著，** 表示在 5%水平下显著，*** 表示在 1%水平下显著。

从表 5-18 可以看出，在投资不足组，如果用上一年度信息披露考评结果来表示信息披露考评，则 $VDNF \times DEGREE_1$ 的系数在总样本、2004—2008 年、2009—2010 年的系数分别是 0.047、0.032、0.087，T 值依次是 3.27（P=0.001）、1.88（P=0.060）、2.67（P=0.008），而如果用以前年度一直都是优良公司来表示信息披露考评，则 $VDNF \times DEGREE_2$ 的系数在总样本、2004—2008 年、2009—2010 年的系数分别是 0.078、0.057、0.153，T 值依次是 5.16（P=0.000）、3.18（P=0.002）、4.66（P=0.000）。

在投资过度组，如果用上一年度信息披露考评结果来表示信息披露考评，则 $VDNF \times DEGREE_1$ 的系数在总样本、2004—2008 年、2009—2010 年的系数分别是-0.191、-0.152、-0.241，T 值依次是-3.68（P=0.000）、-2.50（P=0.013）、-1.75（P=0.081）。而如果用以前年度一直都是优良公司来表示信息披露考评，则 $VDNF \times DEGREE_2$ 的系数在总样本、2004—2008 年、2009—2010 年的系数分别是-0.270、-0.277、-0.263，T 值依次是-5.13（P=0.000）、-4.32（P=0.000）、-1.69（P=0.092）。

通过上述实证结果我们可以得到以下结论：

一是在投资过度组，无论是总样本还是不同的时间段子样本，对于信息披露考评为优秀或良好的公司，由于信息披露质量较高，其一方面既可以提高非财务信息质量，从而提高市场资源配置效率，使公司获得的融资额更接近于所需的最优额度，这样可以防止公司管理者拥有超额资源，在一定程度上避免过度投资，另一方面即使由于预测误差的影响使公司获得了超过自身所需的资源，高质量的信息披露也可以使公司管理者的投资得到有利监督，从而可以抑制管理者通过建立“商业帝国”来享受控制权私有收益的行为，进而提高投资效率。我们还可以发现，如果公司以前年度信息披露考评结果一直为优秀或良好的话，其与非财务信息交乘项的系数更高。更进一步我们借鉴 Clogg 等（1995）、Chen 等（2010）的方法判断这种差异是否显著异于 0。通过 Z 统计量得知，虽然 $VDNF \times DEGREE_2$ 的系数普遍高于 $VDNF \times DEGREE_1$，但这种差异并未通过显著性检验。这表明对于以前年度信息披露考评结果一直为优秀或良好的公司，非财务信息可以显著抑制过度投资，并且抑制程度要高于只是上一年度信息披露考评为优秀或良好的公司，但这种影响并不具有统计上的显著性。

二是在投资不足组，无论是总样本还是各个时间段的子样本，非财务信息与信息披露考评的交乘项系数都通过了显著性检验，这说明信息披露考评为优秀或良好的公司披露的非财务信息更可以赢得投资者信任，从而可以获得更多的市场资源，进而缓解投资不足，提高公司投资效率。更进一步，对于那些信息披露考评结果以前年度一直都为优良的公司而言，其与非财务信息交乘项的系数要高于仅上一年度为优良的公司，并且我们通过模型(5-2)检验得知，这种差异都至少通过了单尾10%的显著性水平检验，表明投资者对于信息披露考评一直都为优良的公司披露的非财务信息更加信任，因此，其可以更加显著地缓解投资不足，提高企业投资效率。

②非财务信息、信息披露考评与融资约束回归分析结果。

本章进一步考察信息披露考评结果不同的公司，非财务信息和融资约束两者之间的关系是否也有所不同。详细估计结果见表5-19。

表 5-19A 非财务信息、信息披露考评与融资约束回归分析结果（深市总样本）

变量	*Coef.*	*T*	*P>T*	*Coef.*	*T*	*P>T*
Cfo	0.292***	20.82	0.000	0.291***	20.90	0.000
VDNF	-0.033***	-2.84	0.005	-0.029**	-2.51	0.012
VDNF×Cfo	-0.368***	-3.33	0.001	-0.308***	-3.10	0.002
$DEGREE_1$	-0.001	-0.28	0.778			
$DEGREE_1$×*VDNF*×*Cfo*	-0.178**	-2.42	0.016			
$DEGREE_1$× *VDNF*	-0.016	-0.88	0.378			
$DEGREE_1$×*Cfo*	-0.052*	-1.84	0.066			
$DEGREE_2$				-0.006**	-2.25	0.025

续表

变量	Coef.	T	P>T	Coef.	T	P>T
$DEGREE_2 \times VDNF \times Cfo$				-0.432***	-4.31	0.000
$DEGREE_2 \times VDNF$				0.007	0.38	0.700
$DEGREE_2 \times Cfo$				-0.152***	-4.59	0.000
Size	-0.002	-1.22	0.222	-0.001	-1.19	0.234
Tobin Q	0.002	1.06	0.289	0.001	0.92	0.356
STD	0.247***	25.46	0.000	0.246***	25.61	0.000
NWC	0.338***	29.35	0.000	0.337***	29.44	0.000
EXPENDIT	-0.106***	-7.90	0.000	-0.108***	-8.13	0.000
行业	控制			控制		
年度	控制			控制		
F 值	63.10***			64.50***		
调整后 R^2	0.419			0.424		
样本数目	2415			2415		

表 5-19B　非财务信息、信息披露考评与融资约束回归分析结果（2004—2008 年）

变量	Coef.	T	P>T	Coef.	T	P>T
Cfo	0.268***	15.75	0.000	0.269***	15.90	0.000
VDNF	-0.026*	-1.89	0.059	-0.026*	-1.83	0.067
$VDNF \times Cfo$	-0.323**	-2.35	0.019	-0.313***	-2.67	0.008
$DEGREE_1$	0.001	0.20	0.842			
$DEGREE_1 \times VDNF \times Cfo$	-0.202*	-1.87	0.061			
$DEGREE_1 \times VDNF$	-0.017	-0.81	0.417			
$DEGREE_1 \times Cfo$	-0.091***	-2.61	0.009			
$DEGREE_2$				-0.006*	-1.74	0.082
$DEGREE_2 \times VDNF \times Cfo$				-0.446***	-3.50	0.000
$DEGREE_2 \times VDNF$				0.012	0.56	0.577
$DEGREE_2 \times Cfo$				-0.144***	-3.68	0.000

续表

变量	Coef.	T	P>T	Coef.	T	P>T
Size	0.000	−0.28	0.779	0.000	−0.21	0.832
Tobin Q	0.005**	2.31	0.021	0.005**	2.02	0.044
STD	0.238***	20.95	0.000	0.238***	21.18	0.000
NWC	0.319***	23.41	0.000	0.320***	23.58	0.000
EXPENDIT	−0.119***	−7.33	0.000	−0.121***	−7.47	0.000
行业	控制			控制		
年度	控制			控制		
F 值	42.91***			43.73***		
调整后 R^2	0.387			0.392		
样本数目	1725			1725		

表 5-19C　非财务信息、信息披露考评与融资约束回归分析结果（2009—2010 年）

变量	Coef.	T	P>T	Coef.	T	P>T
Cfo	0.345***	11.93	0.000	0.334***	11.53	0.000
VDNF	−0.042*	−1.90	0.058	−0.038*	−1.72	0.086
VDNF×Cfo	−0.339	−1.08	0.278	−0.551**	−2.36	0.019
$DEGREE_1$	−0.006	−1.10	0.273			
$DEGREE_1$×VDNF×Cfo	−0.633*	−1.70	0.090			
$DEGREE_1$×Cfo	−0.243*	−1.79	0.073			
$DEGREE_1$×VDNF	0.027	0.58	0.560			
$DEGREE_2$				−0.007	−1.09	0.277
$DEGREE_2$×VDNF×Cfo				−0.785**	−1.96	0.050
$DEGREE_2$×Cfo				−0.089	−0.65	0.517
$DEGREE_2$×VDNF				−0.013	−0.28	0.776
Size	−0.004	−1.64	0.101	−0.004*	−1.65	0.099
Tobin Q	−0.001	−0.67	0.500	−0.001	−0.45	0.650
STD	0.274***	14.17	0.000	0.268***	13.98	0.000

续表

变量	Coef.	T	P>T	Coef.	T	P>T
NWC	0.372***	16.71	0.000	0.367***	16.64	0.000
EXPENDIT	-0.071***	-2.87	0.004	-0.080***	-3.29	0.001
行业	控制			控制		
年度	控制			控制		
F 值	25.26***			25.97***		
调整后 R^2	0.458			0.465		
样本数目	690			690		

注：*** 表示在 1%水平下显著，** 表示在 5%水平下显著，* 表示在 10%水平下显著。

从表 5-19 可以看出，$VDNF \times DEGREE_1 \times Cfo$ 的系数在总样本、2004—2008 年及 2009—2010 年分别是-0.178、-0.202、-0.633，T 值依次是-2.42（P=0.016）、-1.87（P=0.061）、-1.70（P=0.090）。$VDNF \times DEGREE_2 \times Cfo$ 的系数在总样本、2004—2008 年以及 2009—2010 年依次是-0.432、-0.446、-0.785，T 值分别为-4.31（P=0.000）、-3.50（P=0.000）、-1.96（P=0.050）。

通过上述实证结果可以得到以下结论：无论对于总样本还是各个时间段的分样本，非财务信息、信息披露考评与 Cfo 的三交乘项系数都通过了显著性检验，并且 $VDNF \times DEGREE_2 \times Cfo$ 的系数都普遍高于 $VDNF \times DEGREE_1 \times Cfo$，通过进一步 Z 检验得知，除了在 2009—2010 年的子样本外，总样本和 2004—2008 年的样本其差异都通过了至少 10%水平下的单尾检验。这表明信息披露考评结果为优秀或良好的公司披露的非财务信息可信性较强，并且投资者更加信任以前年度一直被评为优秀或良好公司披露的非财务信息，因此其可以显著缓解融资约束。

③稳健性检验。

本章进一步考察信息披露考评不同的公司，非财务信息和投资规模两者之间的关系是否也有所不同。为了验证这一问题，本书构建了模型（5-11），具体如下：

$$INV = \eta_0 + \eta_1 VDNF + \eta_2 DEGREE_i + \eta_3 VDNF \times DEGREE_i + \sum \eta_k CONTROLVARIABLE + \varepsilon_1 \qquad (5-11)$$

其中，$VDNF \times DEGREE_i$ 表示 $VDNF$ 与 $DEGREE_i$ 的交乘项。由于交乘项与 $VDNF$ 、$DEGREE_i$ 之间的相关系数较高，如 $VDNF \times DEGREE_2$ 与 $DEGREE_2$ 的相关系数为 0.862，所以将这些变量放入同一模型可能会带来严重的多重共线性，从而影响估计效度。因此，本书延续第 3 章的思路，采用残差中心化的方法处理这一问题。具体估计结果见表 5-20。

表 5-20A　非财务信息、上年度信息披露考评与企业投资规模回归分析结果（深市总样本）

变量	投资不足组			投资过度组		
	Coef.	*T*	*P>T*	*Coef.*	*T*	*P>T*
VDNF	0.035***	3.63	0.000	0.081**	2.48	0.013
$DEGREE_1$	0.006***	2.91	0.004	-0.026***	-3.70	0.000
$VDNF \times DEGREE_1$	0.028*	1.88	0.060	-0.175***	-3.61	0.000
Size	0.009***	8.19	0.000	0.008**	2.21	0.027
REVENUE	0.000	-0.22	0.827	-0.001	-0.16	0.874
FCF	0.038***	3.06	0.002	-0.014	-0.33	0.744
ROA	0.031	1.58	0.115	0.076	1.09	0.278
Tobin Q	0.003**	2.48	0.013	0.011**	2.39	0.017
GOA	0.001	0.11	0.915	0.028**	2.15	0.032
AT	-0.001	-0.24	0.813	-0.008	-0.72	0.472
LEVERGE	-0.040***	-5.32	0.000	-0.221***	-9.54	0.000
行业	控制			控制		
年度	控制			控制		
F 值	16.43***			12.69***		
调整后 R^2	0.212			0.284		
样本数目	1609			806		

表 5-20B　非财务信息、上年度信息披露考评与企业投资规模回归结果（2004—2008 年）

变量	投资不足组			投资过度组		
	Coef.	*T*	*P>T*	*Coef.*	*T*	*P>T*
VDNF	0.048***	3.96	0.000	0.105***	2.62	0.009
$DEGREE_1$	0.007***	2.77	0.006	−0.024***	−2.77	0.006
$VDNF \times DEGREE_1$	0.032*	1.74	0.082	−0.153***	−2.66	0.008
Size	0.012***	8.12	0.000	0.008*	1.83	0.067
REVENUE	0.000	−0.20	0.841	0.000	−0.07	0.941
FCF	0.030*	1.94	0.052	0.024	0.45	0.656
ROA	0.020	0.84	0.403	0.061	0.72	0.471
Tobin Q	0.004**	1.98	0.048	0.016**	1.98	0.048
GOA	0.004	0.58	0.562	0.034**	2.17	0.030
AT	−0.001	−0.12	0.901	−0.014	−0.97	0.331
LEVERGE	−0.045***	−5.04	0.000	−0.196***	−6.61	0.000
行业	控制			控制		
年度	控制			控制		
F 值	12.84***			8.90***		
调整后 R^2	0.213			0.251		
样本数目	1141			584		

表 5-20C　非财务信息、上年度信息披露考评与企业投资规模回归结果（2009—2010 年）

变量	投资不足组			投资过度组		
	Coef.	*T*	*P>T*	*Coef.*	*T*	*P>T*
VDNF	0.014	0.83	0.405	0.032	0.52	0.602
$DEGREE_1$	0.007*	1.71	0.996	−0.028	−1.57	0.119
$VDNF \times DEGREE_1$	0.058*	1.83	0.067	−0.243**	−1.97	0.050
Size	0.005***	2.74	0.006	0.011	1.50	0.135
REVENUE	−0.001	−0.30	0.768	−0.001	−0.27	0.789
FCF	0.065***	3.09	0.002	−0.091	−1.13	0.261

续表

变量	投资不足组			投资过度组		
	Coef.	*T*	*P>T*	*Coef.*	*T*	*P>T*
ROA	0.045	1.27	0.204	0.115	0.86	0.391
Tobin Q	0.000	-0.23	0.815	0.006	0.89	0.376
GOA	-0.006	-0.59	0.553	-0.002	-0.09	0.927
AT	-0.001	-0.19	0.847	0.004	0.24	0.812
LEVERGE	-0.026**	-1.99	0.047	-0.266***	-6.68	0.000
行业	控制			控制		
年度	控制			控制		
F 值	7.05***			6.07***		
调整后 R^2	0.229			0.330		
样本数目	468			222		

表 5-20D　非财务信息、以往年度信息披露考评与企业投资规模回归结果（深市总样本）

变量	投资不足组			投资过度组		
	Coef.	*T*	*P>T*	*Coef.*	*T*	*P>T*
VDNF	0.033***	3.38	0.001	0.121***	3.75	0.000
$DEGREE_2$	0.014***	5.92	0.000	-0.047***	-6.52	0.000
$VDNF \times DEGREE_2$	0.070***	4.42	0.000	-0.203***	-4.15	0.000
Size	0.009***	7.98	0.000	0.008**	2.26	0.024
REVENUE	0.000	-0.16	0.871	0.000	0.03	0.978
FCF	0.040***	3.23	0.001	-0.017	-0.39	0.698
ROA	0.028	1.45	0.147	0.067	0.99	0.324
Tobin Q	0.003**	2.38	0.017	0.014***	3.06	0.002
GOA	0.002	0.38	0.703	0.021	1.64	0.102
AT	0.000	-0.01	0.991	-0.013	-1.15	0.249
LEVERGE	-0.040***	-5.46	0.000	-0.218***	-9.65	0.000
行业	控制			控制		
年度	控制			控制		
F 值	18.28***			14.56***		
调整后 R^2	0.232			0.315		
样本数目	1609			806		

表 5-20E 非财务信息、以往年度信息披露考评与企业投资规模回归结果（2004—2008 年）

变量	投资不足组			投资过度组		
	Coef.	*T*	*P>T*	*Coef.*	*T*	*P>T*
VDNF	0.047***	3.87	0.000	0.114***	2.93	0.004
$DEGREE_2$	0.013***	4.32	0.000	-0.048***	-5.55	0.000
$VDNF\times DEGREE_2$	0.074***	3.86	0.000	-0.226***	-3.74	0.000
Size	0.011***	7.95	0.000	0.009**	2.02	0.044
REVENUE	0.000	-0.18	0.859	0.000	0.10	0.917
FCF	0.032**	2.05	0.041	0.016	0.30	0.761
ROA	0.018	0.75	0.451	0.052	0.63	0.528
Tobin Q	0.005**	2.40	0.016	0.021***	2.61	0.009
GOA	0.006	0.85	0.394	0.028*	1.86	0.063
AT	0.000	0.09	0.932	-0.018	-1.29	0.197
LEVERGE	-0.046***	-5.14	0.000	-0.201***	-6.94	0.000
行业	控制			控制		
年度	控制			控制		
F 值	13.80***			10.31***		
调整后 R^2	0.227			0.283		
样本数目	1141			584		

表 5-20F 非财务信息、以往年度信息披露考评与企业投资规模回归结果（2009—2010 年）

变量	投资不足组			投资过度组		
	Coef.	*T*	*P>T*	*Coef.*	*T*	*P>T*
VDNF	0.012	0.71	0.480	0.086	1.37	0.172
$DEGREE_2$	0.017***	3.62	0.000	-0.059**	-2.57	0.011
$VDNF\times DEGREE_2$	0.064**	2.05	0.041	-0.125	-0.88	0.379
Size	0.005***	2.60	0.010	0.010	1.42	0.156
REVENUE	-0.001	-0.35	0.730	-0.001	-0.17	0.866
FCF	0.066***	3.23	0.001	-0.092	-1.15	0.253

续表

变量	投资不足组			投资过度组		
	Coef.	*T*	*P>T*	*Coef.*	*T*	*P>T*
ROA	0.037	1.06	0.291	0.092	0.70	0.484
Tobin Q	-0.001	-0.62	0.538	0.009	1.34	0.182
GOA	-0.004	-0.42	0.674	-0.009	-0.34	0.736
AT	0.000	0.00	0.997	-0.003	-0.16	0.876
LEVERGE	-0.025*	-1.96	0.051	-0.257***	-6.58	0.000
行业	控制			控制		
年度	控制			控制		
F 值	8.35***			6.59***		
调整后 R^2	0.266			0.352		
样本数目	468			222		

注：* 表示在 10%水平下显著，** 表示在 5%水平下显著，*** 表示在 1%水平下显著。

通过表 5-20 可以看出，在投资不足组，$VDNF \times DEGREE_1$ 在总样本、2004—2008 年及 2009—2010 年的系数分别是 0.028、0.032、0.058，T 值分别为 1.88（P = 0.060）、1.74（P = 0.082）、1.83（P = 0.067）；$VDNF \times DEGREE_2$ 的系数分别是 0.070、0.074、0.064，T 值依次为 4.42（P = 0.000）、3.86（P = 0.000）、2.05（P = 0.041）。在投资过度组，$VDNF \times DEGREE_1$ 的系数依次是-0.175、-0.153、-0.243，T 值分别为-3.61（P = 0.000）、-2.66（P=0.008）、-1.97（P=0.050）；$VDNF \times DEGREE_2$ 的系数分别是-0.203、-0.226、-0.125，T 值依次为-4.15（P=0.000）、-3.74（P = 0.000）、-0.88（P=0.379）。

通过上述实证结果，可以得到以下结论：

一是由于信息披露考评为优秀或良好的公司披露的非财务信息可信性更强，更容易赢得投资者信任，因此其能够在更大程度上缓解融资约束，帮助公司获得更多的市场资源，从而使先前受资金约束而无法实施的高收益项目得以投资，有助于公司扩大投资规模，缓解投资不足。更进一步，$VDNF \times DEGREE_2$ 的系数普遍高于 $VDNF \times DEGREE_1$，并且通过 Z 检验得知，这种差异除了在 2009—2010 年不显著外，在总样本和 2004—2008 年都通过了至少 10%的单尾检验，这与融资约束的回归结果一致，说明以前年度一直被评为优秀或良好的公司披露的非财务信息可信性更强，因此这类公司更容易获得稀缺的市场资源，从而有利于扩大公司投资规模，避免投资不足。

二是由于信息披露考评结果为优秀或良好的公司信息披露质量更高，其一方面既可以提高非财务信息质量，使公司通过自愿披露非财务信息获得的市场资源更接近于所需的最优融资额，避免公司拥有更多的超额资源，防止过度投资，另一方面即使公司获得了超过自身所需的资源，高质量的信息披露也可以使管理者的投资行为得到有利监督，防止其通过扩大非效率投资来享受控制权私有收益，从而降低投资规模。更进一步，除 2009—2010 年外，$VDNF \times DEGREE_2$ 的系数都高于 $VDNF \times DEGREE_1$，但是通过 Z 检验得知，这种差异并未通过显著性检验，说明以前年度信息披露考评结果一直为优秀或良好的公司在抑制管理者非效率投资方面虽然强于仅上一年度为优秀或良好的公司，但是其程度并不具有统计上的显著性。

本书除了对非财务信息、信息披露考评及投资规模之间的关系进行检验外，为了保证实证结果的可靠性，还进行了下述稳健性检验：

首先，对于企业投资效率的计算，一些文献在对增长机会还会选择总资产增长率、销售收入增长率等财务指标，因此本书使用这两个指标代替 Tobin Q 对投资效率进行了重新计算，结果未发生显著变化。同时，本书进一步借鉴 Biddle 等（2009）所使用的衡量企业投资效率模型重新进行了回归，结果未发生显著变化。其次，为了消除财务信息质量可能对结果的影响，本书又分别采用盈余平滑度、盈余激进度、线下项目及可操控性应计来表示财务信息质量并把其作为控制变量对上述模型进行了重新回归，结果未发生显著变化。最后，本书借鉴 Muslu 等（2014）、Bozzolan 等（2009）的研究方法，使用披露的未来发展前景的非财务信息句子数代替打分法作为替代变量，实证结果依然未发生显著变化。综上所述，本书的实证结果是稳健可靠的。

5.4 本章小结

本书通过选取2004—2010年926家公司共6482个样本对非财务信息、融资约束及企业投资效率之间的关系分别进行了检验，并进一步从公司治理和信息披露考评两个视角考察了二者关系的状态依存性。实证结果表明：

（1）在2004—2008年，即使公司披露低质量的有关未来发展前景的非财务信息也能赢得投资者信任，从而缓解了融资约束，使得这类公司获取了大量市场资源甚至超过自身所需的最优融资额。在自身利益驱动或外部制度如政府干预的压力下，在获得超额资源后，公司管理者倾向于扩大投资规模，建造“商业帝国”，从而导致了过度投资，损害了公司投资效率。而在2009—2010年，由于大量虚假陈述案被曝光及投资者本身辨别信息的能力提高，投资者对上市公司披露的低质量的非财务信息信任程度降低，因此非财务信息没有显著降低融资约束进而影响企业投资效率。

（2）大量基于西方成熟市场的经验证据表明，公司治理有助于抑制管理者的机会主义行为，使内部控制人与外部投资者的利益趋于一致，从而可以增强自愿披露动机的信息观，提高自愿披露质量，进而增强其可信性。我国从20世纪末确立了现代企业制度后，有关政府部门和相关机构不断采取各种措施来提高上市公司的治理水平。本书考察了我国资本市场上尚在不断发展和完善中的公司治理是否显著影响非财务信息与企业投资效率之间的关系。结果表明：随着公司治理改革力度加强，公司治理水平不断提高，其可以在很大程度上抑制管理者的机会主义行为，增强披露动机的信息观，提高非财务信息质量，使得公司获取的市场资源更接近于所需的最优融资额，从而防止了管理者拥有更多的资源，避免了过度投资。并且一些高质量的非财务信息如有关投资项目的非财务信息有助于投资者监督管理者的投资活动，抑制其通过非效率投资来享受控制权私有收益的行为。更进一步，在我国新兴市场的特殊制度背景下，本书发现与基于西方成熟国家的经验证据所不同的是，在 2004—2008 年的子样本中，可靠性较高的非财务信息质量其可信性并未随之提高，所以与其他公司相比，治理更加完善的公司披露的非财务信息并未更加显著地缓解融资约束、获取更多的市场资源，因此也就没有更加显著地避免投资不足，提高企业投资效率。出现这一问题的原因可能在于：由于我国公司治理确立及发展期限较短，投资者并未意识到公司治理的重要作用或者即使已经开始关注，但限于自身知识结构等不能准确、系统地对公司治理进行评价，当然也可能与在此阶段我国公司治理水平仍旧较低有关。然而，在 2009—2010 年，随着公司治理改革力度进一步加强，公司治理不断发展完善，并且经过媒体及有关政府部门、专家学者的大力宣传，投资者已经开始重视公司治理的作用，并且其准确、系统地评价公司治理的能力也越来越强，在进行决策时会较多地考虑到公司治理因素。因此，治理更加完善的公司披露的高质量非财务信息可信性较高，赢得了投资者信任，其可以显著缓解融资约束，帮助公司获取更多的市场资源，从而使得那些收益较高的项目得以实施，进而避免了投资不足，提高了企业投资效率。

（3）本章考察了深交所信息披露考评结果不同的公司，其非财务信息与投资效率之间的关系是否有所不同。研究发现：首先，对于信息披露考评结果为优秀或良好的公司，披露动机的机会主义观得到了抑制，而披露动机的信息观得到加强，所以其披露的非财务信息质量更高，一方面使得公司获得的市场资源更接近于公司最优融资额，避免公司拥有较多的超额资源，从而可以防止过度投资，另一方面一些高质量的非财务信息如有关投资项目的非财务信息也可以有力地监督管理者的投资活动，抑制其通过建立“商业帝国”、扩大投资规模来享受控制权私有收益的行为，从而降低了过度投资，提高了企业投资效率。其次，对于以前年度一直都为优秀或良好的公司，其披露的非财务信息更能降低过度投资，但这种差异并不具有统计上的显著性。

同时，本书也发现因为信息披露考评结果为优秀或良好的公司自愿披露的非财务信息质量较高，所以其可信性也较高，更容易赢得投资者信任，因此此类公司披露的非财务信息可以在更大程度上缓解融资约束，帮助公司获取更多的市场资源，从而使其投资于更多的高收益项目，进而缓解了投资不足，提高了企业投资效率。最后，对于以前年度一直都被评为优秀或良好的公司，其披露的非财务信息可信性更强，并且与仅上一年度为优秀或良好的公司相比，这种差异具有统计上的显著性。

第6章　风险性非财务信息与股票定价准确性

6.1　理论分析与研究假设

6.1.1　引言

近几年来，随着互联网、人工智能等新技术和新思想嵌入到传统经济运行之中，新的商业模式、商业思维不断推陈出新，且发展极其迅猛。公司所面临的经营环境、技术环境等发生了剧烈变化，企业经营面临的不确定性，以及随之而产生的风险也日益加剧。在这种背景下，投资者对于公司风险信息的需求不断增加，以准确预测公司未来价值、提高决策的准确性和效率。ACCA（特许公认会计师公会）2010年所做的一项调查结果显示：82%的投资者认为风险信息对于他们的投资决策非常重要（ACCA，2011）。根据FASB在2010年公布的财务会计概念公告第1号《企业财务报告的目标》的论述，财务报告的基本目标之一是为投资者及其他利益相关者提供有关未来现金流、收入的数量、时间和不确定的风险因素。尽管财务信息中已经考虑了诸如资产减值准备、预计负债等风险因素，但由于受会计确认、计量等因素制约，其主要面向过去，是对企业历史经营情况的图像反应，很多其他不确定性的风险信息如公司未来面临的经营风险、投资风险、研发风险、行业风险等都难以通过传统的财务报表予以披露。因此，国内外大量理论界和实务界的人士呼吁公司应该增加风险性非财务信息披露以增强财务报告的有用性。

正因如此，虽然在20世纪80年代之前，对于包括风险信息在内的前瞻性非财务信息还被认为“本质上是不可信赖的”而被美国证监会（SEC）所禁止披露，但随后通过制定及修订“安全港制度”、私人证券诉讼改革法案（PSLRA），SEC 不但鼓励公司披露类似的信息，并且还为可能出现的预测偏差提供了免责的安全港等保护制度。1997 年，SEC 颁布了 FRR No. 48，强制美国上市公司必须披露有关衍生金融工具、其他金融工具、衍生商品工具等定量和定性的风险信息。经历了 2000—2002 年股价崩盘及 2008 年金融危机之后，美国政府对于风险信息披露愈加重视。SEC（2005）要求在 10-K 首页，公司应当披露所有影响企业未来发展前景的重要风险。2010 年公布的《多德—弗兰克法案》（The Dodd-Frank Act）授予了 SEC 在提高公司透明度方面更多的权限。SEC 随之也进一步加强了上市公司风险信息披露的监管（Johnson，2010）。与此同时，国外大多学者也分别从不同角度分析和检验风险信息披露是否达到了预期作用，并据此提出了许多卓有成效的建议，从而为完善英美等西方国家上市公司风险信息披露制度提供了良好的理论基础和政策借鉴价值（Rajgopal，1999；Hodder and McAnally，2001；Jorion，2002；Linsmeier et al.，2002；Jorgensen and Kirschenheiter，2003；Kravet and Muslu，2013；Campbell et al.，2014）。上述文献大都发现风险信息披露可以改变投资者的风险感知，使其投资决策更加准确，从而为投资者决策提供了有用的信息。

我国政府近年来对于风险性非财务信息披露也越来越重视。比如在《公开发行证券的公司信息披露内容与格式准则第 2 号——年度报告的内容与格式（2003 年修订）》中，证监会仅要求公司披露“在经营中出现的问题与困难及解决方案”“可能导致财务报告难以显示公司未来经营成果与财务状况的重大事项和不确定性因素”，规定非常模糊，并没有详细的披露指引。随后在 2005 年和 2007 年则进行了细化，要求“公司应当遵循重要性原则披露可能对公司未来发展战略和经营目标的实现产生不利影响的所有风险因素”。2012 年，证监会对于风险信息披露的要求更加具体，披露范围也扩大到了“政策性风险、行业风险、业务模式风险、经营风险、环保风险、汇率风险、利率风险、技术风险、产品价格风险、原材料价格及供应风险、财务风险、单一客户依赖风险、核心技术人员变动风险，等等”，并且还要求“对于报告期内较上一年度的新增风险因素，公司应当对其产生原因、对公司的影响及已采取或拟采取的措施及效果进行分析”。

与国外学术研究和实践基本同步相比，国内鲜有文献对风险性非财务信息披露的经济后果进行全面、系统的分析与实证检验，学术研究远远滞后于实践。郝项超和苏之翔（2014）发现风险信息可以显著抑制 IPO 折价。姚颐和赵梅（2016）则进一步研究了 IPO 公司风险信息的披露水平及市场反应。然而，上述研究主要关注于 IPO 阶段的上市公司，而这类公司与一般上市公司在信息披露制度、股价表现等方面都存在巨大差异①。王雄元等（2017）发现风险信息披露频率增加有助于降低财务分析师预测偏差。

与以往文献不同的是，本书主要基于股票定价准确性的视角研究风险信息的经济后果。基本逻辑是：根据传统的财务模型，股价等于未来现金股利的折现，而未来现金股利的发放金额又取决于公司未来的盈利能力。因此，正如 Collins 等（1994）、Lundholm 和 Myers（2002）等所言，现时的股价可以在一定程度上反映出公司未来的盈利能力，公司现时股价中包含的未来盈利信息越多，股票定价越准确。从这个角度而言，如果风险信息可以为投资者决策提供有用的信息，帮助投资者预测公司未来的收入、利润、现金流等，那么现时股票的定价就很可能包含更多未来的盈利信息，从而定价也就会更加准确。

由于风险信息披露属于公司管理层的决策行为之一，不可能独立于公司所处的内外环境，所以披露质量并非同质的，而是在不同公司、相同公司不同时期具有很强的异质性，由此导致的经济后果很可能也会随之发生

---

① 比如：（1）IPO 阶段公司的信息披露应该遵从于《公开发行证券的公司信息披露内容与格式准则第 1 号——招股说明书》，上市之后年报的信息披露遵从于《公开发行证券的公司信息披露内容与格式准则第 2 号——年度报告的内容与格式》。前者要求有专门的“风险因素”一节的内容，强制披露的内容要远远高于后者。（2）根据证监会的规定，IPO 的公司上市之后首日涨跌停限制为 44%，从第 2 个交易日起才变为 10%。由于我国特殊的打新制度，IPO 之后的公司首日股价都能上涨 44%，随后几个交易日往往也能继续涨停。市场表现一般显著优于其他类型的上市公司。比如暴风科技（300431）上市之后曾经持续收获 31 个涨停板，股价从 7.14 元涨至 189.97 元。据同花顺统计，2016 年新股上市之后一般平均能获得 13.27 个涨停板，这意味着在短短 14 个交易日内，股票收益率高达 250%以上。为了避免新股市场的特殊性所导致的巨大市场噪声，本文并未选择 IPO 的公司作为研究样本研究风险信息对股票定价准确性的影响。

重大变化。比如从横向角度而言，公司治理完善程度不同，管理层的机会主义所面临的内部监督及激励机制也完全不同，从而其披露决策也很有可能存在重大差异；从纵向角度而言，2013 年党的十八大之后，我国国家治理体系和治理能力更加现代化，市场监管体系和法律制度等都发生了巨大变化，这很可能会影响风险信息披露的外在约束机制进而导致信息披露质量也会随之不同，所以也就有必要进一步研究风险信息披露质量及经济后果的时序性变化。因此，本书拟从横向的公司治理、纵向的国家治理两个维度分别研究风险信息对股票定价准确性的影响，以期在理论上更加系统地了解风险信息披露的复杂性和多样性，在实践中可以为监管部门提供更加全面的参考。

本书的学术贡献在于：①与郝项超和苏之翔（2014）、姚颐和赵梅（2016）关注 IPO 阶段公司不同的是，本书所研究的对象主要是一般上市公司，鉴于二者的市场表现以及披露准则方面存在的巨大差异，我们的研究可以拓展并丰富信息披露方面的文献；与王雄元等（2017）从财务分析师角度研究风险信息的经济后果不同的是，本书主要是借鉴 Collins 等（1994）及 Lundholm 和 Myers（2002）的模型研究风险信息能否增强股价，反映未来盈余的能力，这一新的视角可以更加直接地观察风险信息与股票定价之间的关系。②与以往文献静态观察风险信息作用不同的是，本书从动态视角研究了不同公司之间、相同公司但不同时期的信息披露行为是否有所不同。研究角度不仅仅局限于横向维度的状态依存性，而且也考虑了纵向维度的时序性差异。③风险信息披露指标上，目前主要存在着两种主流方法：一是人工打分法；二是机器文本分析法。人工打分法虽有针对性，但主观性强、工作量大，结果难以复制并推广至大样本；文本分析法虽可靠性强，但可能存在系统性偏差，尤其是在中文表达方式多样、含蓄的语境下，错误会更加严重。为了综合利用两种方法的优点，本书首先使用文本分析法，提取并统计风险信息关键词，其次将关键词前后语句抓取出来，最后由人工判断的方式保证文本分析的内容符合中文特殊的语境，从而提高数据质量。④先前研究非 IPO 上市公司股票定价的文献大都研究股权结构、董事会特征、财务信息质量、财务分析师、审计师，以及媒体等市场中介等诸多因素对股价同步性的影响。

与上述文献不同：一是本书首次基于风险信息披露的角度拓展了股票定价方面的文献；二是股价同步性背后的经济学意义目前存在较大争议，既有学者发现股价同步性负向反映了股票市场信息效率（Durnev et al.，2003；Jin and Myers，2006；Hutton et al.，2009），也有学者并不认为股价同步性能够正确反映股票市场信息效率甚至其关系应该为正向的（Teoh et al.，2008；王亚平等，2009）。本书主要借鉴 Collins 等（1994）、Lundholm 和 Myers（2002）的模型研究风险信息能否增强股价反映未来盈余的能力。鉴于股价同步性与证券市场信息效率之间并不明确的关系，使用股价—未来盈余模型可以得到更加稳健、可靠的结论。⑤Ball 和 Brown（1968）首次发现证券价格会对盈利信息做出反应，从而开创了会计资本市场实证研究的先河。随后大量学者分别从不同角度对此进行了更加深入的研究，并提出了盈余反应系数的概念。然而，也有很多学者发现盈余信息无法及时反映在股价之中，出现了众多"市场异象"。由此，会计信息决策有用性的计量观应运而生，主张"在具有合理可靠性的前提下，应将现值等计量属性融入财务报表中，以帮助投资者预测公司业绩和价值"，但由于会计确认等诸多因素限制，财务信息在相关性和及时性方面依然存在很大不足。因此，很多学者呼吁应该增加非财务信息披露以增强财务报告的有用性。虽然之后也有大量文献对非财务信息的作用进行了研究，但大都是独立检验非财务信息的经济后果①，而我国上市公司披露的非财务信息究竟能否增强财务信息的有用性缺乏直接的经验证据。本书则直接研究了风险性非财务信息与财务信息决策有用性之间的关系，并提供了大样本的实证结论，从而为会计资本市场实证研究作出了重要贡献。

本书也具有一定的政策贡献：①2015—2016 年我国证券市场发生了剧烈波动，连续爆发了 3 次大面积的股价崩盘，产生了极其不好的经济后果和恶劣的政治影响。股灾的一个重要原因在于股票定价存在严重偏差，证券市场

---

① Lundholm 和 Myers（2002）使用美国投资治理和研讨协会（AIMR）的信息披露评级研究过，公司提高信息披露质量能否增强股价反映盈余的能力，AIMR 的评级包括内容比较广泛，既有财务信息披露，也有非财务信息披露，而不局限于风险信息。并且 AIMR 在 1995 年就停止了更新信息披露评级结果，导致其影响力在近 20 年来日趋变弱。

脱离了实体经济，产生了“市梦率”“市胆率”“市傻率”等违背市场基本运行规律的概念。在这种环境下，股价已经不能反映公司的基本价值，并随之带来了市场资源配置扭曲、金融过度膨胀发展从而不能真正服务于实体经济等一系列不利的经济后果。因此，为了防止股灾再次爆发，证监会一直在积极倡导及引导价值投资。本书的研究结论表明风险信息能够显著增强现在股价和未来盈余之间的相关性，从而有助于股票定价更加准确，进而可以更好地促进资本形成、保证证券市场服务实体经济、防止“脱实向虚”。②我国相关政府部门近年来不断出台各种规章制度要求和鼓励上市公司披露更多的风险信息。那么这些政策实施效果如何？披露更多的风险信息发挥了预期作用吗？本书的研究可以在一定程度上解答上述问题，并进一步从纵向和横向两个维度揭示风险信息质量的复杂性，从而可以为政府完善和修订风险信息披露提供指引并理论借鉴。

6.1.2 研究假设

虽然中国证监会近年来不断推行各种规章制度要求上市公司披露更多的风险信息，但就目前而言，对风险信息披露更多的是原则上的指导，比如证监会要求公司披露政策性风险、行业风险等，但是如何披露、披露多少等仍旧给予了管理层足够大的弹性空间，所以风险信息应该属于自愿披露的范畴或形式上强制披露但实质上仍属于自愿披露（姚颐和赵梅，2016）。根据先前的学术文献，公司自愿披露的信息是否具有信息含量进而能否为投资者决策提供有用的信息，可以分为两种截然不同的观点：一是机会主义观，也称之为印象管理（Lang and Lundholm，2000；Jo and Kim，2007；Li，2008，2010；Kothari et al.，2009；Huang et al.，2014）；二是信息观（Grossman and Hart，1980；Grossman，1981；Welker，1995；Healy et al.，1999；Botosan and Harris，2000；Dhaliwal et al.，2011，2012；Muslu et al.，2014）。根据不同的观点，风险信息对股票定价准确性的影响也完全不同。

6.1.2.1 机会主义观/印象管理

机会主义观认为，公司管理者为了享受控制权私有收益往往倾向于隐瞒或披露低质量的信息来迷惑、误导投资者。Lang 和 Lundholm（2000）较早对这种观点进行了检验，他们发现股权再融资的公司在融资之前会多披露好消息而隐藏坏消息，但其样本较少，仅有 41 家股权再融资样本，所以低样本量究竟有多大程度的代表性存在疑问。Jo 和 Kim（2007）将股权再融资样本扩大至 1413 家，同样发现那些在股权再融资之前突然提高自愿披露频率，而在之后自愿披露大幅降低的公司，管理层操纵盈余的现象比较严重。与前述文献单纯研究披露数量不同的是，Li（2008，2010）借鉴计算机语言学的相关内容，利用文本分析从可读性、语调的视角研究了自愿披露的动机及经济后果。实证结果表明：业绩越差的公司，年报可读性也越低，随后的盈余持续性也比较低。Huang 等（2014）通过公司盈利、风险及复杂性等因素计算得到了异常乐观语调（Abnormal Positive Tone），同样发现管理者会利用语调管理来误导投资者。

风险信息语调偏于悲观，披露的信息一般都是公司未来发展所面临的各种风险及不确定性，从某种程度上讲应该属于坏消息的范畴。基于职业生涯考虑或避免披露坏消息所导致的股价下跌，管理层很可能会操纵信息披露（Kothari et al.，2009）。更严重的是，与财务信息相比，风险性非财务信息具有很强的信息弹性，即使公司管理层故意披露了低质量的信息，也可以通过自己的信息优势作出合理化的免责解释，比如管理层可能会故意低估披露某项正在投资或拟投资项目的风险，一旦当项目投资失败或未达到预期收益目标时，管理层就可以把原因归咎于一些不可抗力或未预期因素。在我国新兴市场的特殊制度背景下，一方面，外部监管体系和法律制度并不健全，不能及时发现各种披露违规行为并给予恰当惩戒；另一方面，内部公司治理较为薄弱，大股东侵害中小股东的行为非常普遍，第二类代理问题较为严重。因此，管理层更有动机和机会去操纵风险信息披露，从而导致其不能为投资者决策提供有用的信息甚至有可能进一步加强内部管理者与外部投资者之间的信息不对称，进而导致投资决策失败、降低股票定价准确性。由此，本书提出以下假设：

假设 1a：在其他条件不变的情况下，上市公司披露的风险信息越多，股票定价准确性越低。

6.1.2.2 信息观

为避免真实披露坏消息所导致的不利经济后果如股价下跌、融资成本上升等，管理层往往不倾向于披露高质量的风险信息，然而，此类行为也会随之产生另外的成本，即法律诉讼成本。Skinner（1994）认为企业有动机提前披露坏消息降低投资者的乐观预期以避免被法律诉讼。Field 等（2005）采用联立方程的方法控制了内生性后，进一步支持了 Skinner（1994）的结论。Campbell 等（2014）的实证结果表明公司会如实披露其所面临的风险状况，并且这些信息会被投资者所利用以改变其风险感知。Kravet 和 Muslu（2010）使用 Change 模型也发现，公司增加披露的风险信息会影响投资者及财务分析师的行为。

虽然我国的法律制度还不完善，尚未有集体诉讼、惩罚性赔偿等美国常见的投资者保护手段，上市公司面临的法律诉讼压力较低，但行政干预起到了重要替代作用，虚假陈述行为严重者甚至会被追究刑事责任（姚颐和赵梅，2016）。除了虚假陈述导致的高昂行政处罚成本之外，姚颐和赵梅（2016）还认为根据信息披露资本市场交易动机，在我国证券市场面临整体“诚信”危机时，坦诚披露作为一种稀缺资源会收获更多的市场奖励，更有利于争夺有限的市场资源。她们随后的实证结果也证明了上市公司披露的风险信息越多，IPO 抑价越低、流动性越强，并且未来业绩差的公司为了规避业绩下降所带来的行政处罚，披露意愿更强。王雄元等（2017）发现风险信息披露频率越高，分析师预测准确度越高，而且这种积极影响主要体现在非国有企业，盈余质量较高、公司治理较好组及非明星、行业专长较低、对公司追踪时间较少的分析师。因此，根据信息观，风险信息很好地反映了公司未来面临的经营风险、投资风险、财务风险、研发风险、行业风险等极具相关性和及时性的信息。上市公司披露的这些高质量信息有利于投资者详细了解公司未来发展过程中所遇到的各种可能的风险，从而有助于预测公司未来盈余、现金流、收入等重要信息进而提高投资决策的准确性，最终使得现时股价包含更多未来盈余的信息，提高了股票定价准确性。由此，本书提出以下假设：

假设 1b：在其他条件不变的情况下，上市公司披露的风险信息越多，股票定价准确性越高。

6.1.2.3 公司治理

由于不同公司甚至相同公司在不同时期所面临的环境都存在重大差异，所以其风险信息披露质量及相应的经济后果也不尽相同。本书基于治理的视角，拟从微观层面的公司治理以及宏观层面的国家治理角度，分别研究不同的治理体系能否影响风险信息与股票定价准确性二者之间的关系。其中公司治理主要从横向的角度研究风险信息的“状态依存性”，国家治理主要从纵向角度研究其时序性。

一般认为公司治理作为一项重要的内部控制机制，自愿披露质量与公司治理的设计与有效性具有密切联系（何卫东，2003）。根据先前研究文献，公司治理至少可以通过两种途径提高管理层自愿披露的风险信息质量，增强披露的信息观：监督与激励。

一是激励机制。完善的激励制度有助于保持管理者与外部投资者利益相一致，使得管理者更好地为公司整体利益努力工作，从而降低道德风险，缓解代理冲突（Jensen and Meckling，1976；Jensen and Murphy，1990）。二是监督功能。公司治理作为一种重要的控制机制，可以抑制管理者的机会主义行为，能够促使那些追逐控制权私有利益的公司内部管理者所做出的决策是以公司整体价值利益最大化为原则（Denis and McConnell，2003），并且其作用不仅仅限于第一类代理问题，对主要存在于控股股东与中小股东之间的第二类代理问题也有显著的控制作用（Shleifer and Vishny，1997；Gillan，2006）。

因此，对于治理更加完善的公司，在激励和监督的双重作用下，管理者披露信息的机会主义受到抑制，披露的包括风险信息在内的信息质量会更高，从而可以为投资者决策提供有用的信息进而使得投资决策更加准确，最终提高股票定价准确性。由此本书提出以下假设：

假设2：在其他条件不变的情况下，当公司治理更加完善时，风险信息提高股票定价准确性的作用更加显著。

6.1.2.4 国家治理

2013年在党的十八届三中全会上，习近平总书记首次提出了国家治理的概念，认为“全面深化改革的总目标是完善和发展中国特色社会主义制度，推进国家治理体系和治理能力现代化”。前文所述，损害我国公司风险信息披露质量的外在因素包括监管体系薄弱和法律制度不完善，难以及时发现各种信息披露违规行为并给予适当惩戒。依照经济学中的理性人的假设，如果把证券监管者视为一个小的利益集团，他们都在尽量寻求自身利益的最大化，而这个利益集团在努力提高金融执法公正性的同时，却与其自身的工资源共享及其他福利没有直接关系，这就产生了团体理性、团体选择偏好和个体理性、选择偏好的严重冲突。当证券监管的执法权力稳定存在且未受到制约和牵制时，这种执法权力就会转化为利益集团为了追逐自身利益最大化的工具。此外，证券监管的执法具有行政执法的普遍特点，其自由裁量权较大，依照公共选择理论，金融监管执法权力作为一种公共权力，极易导致寻租行为产生（周林彬，1998；王从容和李宁，2009）。为了实现国家治理体系和治理能力现代化，党中央采取了一系列措施，其中一项重要举措就是从严治党，严惩腐败。根据中纪委网站“纪律审查”栏目统计，党的十八大之后，在“一行三会”中，证监会落马官员最多。从严治党对于证券市场监管行为中存在的寻租、腐败行为形成了强烈的震慑效应，极大地提高了监管效率，监管成效也非常显著①。

国家治理现代化同时也包括完善法律法规、保证法律实施。由于法律条文的修订需要多道程序和反复讨论，一般需要较长的时间，所以目前对于信息披露的虚假陈述行为仍旧遵循《证券法》《关于审理证券市场因虚假陈述引发的民事赔偿案件的若干规定》。党的十八大之后相关法律法规并未做出实质性修改，但是法律执行力度有了极大提升，并简化了投资者法律诉讼的程序，对于投资者的保护力度也越来越强②。参与法律诉讼的投资者及获得赔偿的

① 比如2007年至2012年，中国证监会共做出“信息披露违法案件”处罚决定70份，年均为11.67件，2014年和2015年“信息披露违法案件”处罚决定就达到了37份，年均增长高达58.5%，2016年的信息披露违规立项案件更是已经超过了70件。处罚金额方面，证监会2015年涉及罚没款金额超过54亿元，超过此前十年罚没款总额的1.5倍，行政处罚力度不断加大。

② 比如2015年开始实行立案登记制改革，国内具备虚假陈述民事赔偿案件管辖资格的法院大都取消了行政处罚前置程序，基本上投资者起诉就会获得受理，并不要求必须具备证监会的正式行政处罚。

金额都不断创新高。比如 2003 年 ST 嘉宝案 6 名投资者仅仅获得了 61973 元的赔偿，2009 年杭萧钢构案则有 120 名共计获得大约 400 万元的赔偿，而 2015 年的佛山照明案参与索赔的投资者人数达到了 2769 名，获赔金额将近 2 亿元。

习近平总书记在党的十九大报告中充分肯定了过去五年国家治理体系和治理能力现代化方面所取得的显著成就。这些成就既打击了各种腐败行为，提高了监管效率，同时也提高了投资者保护的法律执行力度，从而增加了管理层信息披露虚假陈述的成本，进而在很大程度上遏制了其披露的机会主义行为并增强了其信息观。由此本书提出以下假设：

假设 3：在其他条件不变的情况下，当国家治理体系更加完善时，风险信息提高股票定价准确性的作用更加显著。

6.2　研究设计与实证检验

6.2.1　研究设计

6.2.1.1　变量选择

（1）风险性信息。

本书使用文本分析法计算得到了风险信息披露的指标并加以人工复核。基本步骤是：首先，借鉴 Campbell 等（2014）并结合阅读中国上市公司年报、半年报及临时公告①等相关披露资料，确定了风险信息的数据字典，共计包括 121 个关键词汇；其次，运用 Python 软件按照数据字典，抓取并统计上市公司年报、半年报董事会报告（或经营情况的讨论与分析）及临时公告中风险信息关键词的词频；最后，由于我国上市公司尚未使用 XBRL 编制年报，定位有可能会出现偏差，所以我们又使用人工复核的方式对定位错误的年报进行了重新统计。由于中国语言表达的多样性，Python 在抓取关键词过程中

① 很多上市公司不仅在年报和半年报中披露风险信息，也会在临时公告中予以披露。比如首创股份（600008）在 2013 年 10 月 29 日发布的临时公告中披露了某投资项目所面临的风险：“技术风险，污水处理厂在未来可能存在进水水质变化，导致不能正常处理、达标排放的风险；污水处理服务费支付风险，在项目的污水处理服务费支付方面存在一定的风险。”

会存在一些偏误。比如，有公司的年报中披露“公司积极应对，克服了种种困难，着力调整优化产业结构，加快培育壮大优势产业，有效提升产销规模……”由于“困难”是数据字典中的关键词，Python 就会统计这句话中的“困难”，但是很明显这句话并不属于风险信息。因此，本书采用 Python 将所有出现风险信息关键词的前后语句抓取出来，然后再采用人工复核的方式进行一一判别，从而保证数据质量。

（2）股票定价准确性。

根据经典财务理论，股价等于未来现金股利的折现，而未来现金股利的水平又取决于公司未来的盈利能力，所以现时股价反映了对未来盈利的预期，股价中包含的未来盈利信息越多，则股票定价越准确。本书借鉴 Collins 等（1994）、Lundholm 和 Myers（2002）基于“回报—未来盈利”模型对股票定价准确性进行衡量。

$$RET_t = \alpha_0 + \alpha_1 \times UEPS_{t+1} + \varepsilon \tag{6-1}$$

其中，RET_t 表示某公司股票第 t 年收益率，由于我国特殊的年报披露制度，所以计算月度区间为当年 5 月至下年 4 月，然后求得几何平均数即为年度股票收益率。$UEPS_{t+1}$ 表示未预期的盈余，等于此公司在 t+1 年的每股收益的变化值，并经过第 t 期末的股票收盘价调整。α_1 越高，说明更多未来的盈余信息反映在了现时的股价之中，股票定价准确性越高。

（3）公司治理。

由于公司治理是一系列监督协调各方利益的制度安排，故只关注某一指标并不能很好地反映公司的整体治理状况。基于此，学术界往往通过主成分分析法，构建反映公司综合治理状况的公司治理指数，如白重恩等（2005）、靳庆鲁和原红旗（2008）等均采用了这一做法。

本书主要借鉴靳庆鲁和原红旗（2008）的研究思路，选取了董事长和总经理是否两职合一、独立董事比例、独立董事津贴、董事会规模、独立董事工作地点的一致性、前十大股东是否存在关联、总经理持股比例、董事长持股比例、监事会主席持股比例、其他高级管理人员的持股比例、是否同时发行 B 股或 H 股、第一大股东持股比例、第二至第十大股东持股比例之和、Z 指数、年度内董事会会议次数、年度内监事会会议次数、年度内股东大会会议次数，以及“四委 ”设立个数等共计 18 个指标。

为了研究公司治理对非财务信息和投资效率两者关系的影响，我们基于上述分析的公司治理变量体系构造了一个可客观描述中国上市公司治理水平的综合指标（CG）。参考白崇恩等（2005）、靳庆鲁和原红旗（2008）的研究方法，我们采用统计上常用的主成分分析法（ Principal Component Analysis，PCA），寻找公司治理指标之间的线性组合来最大化描述公司治理四个方面的变化情况，从主成分分析法中得出的第一大主元定义为反映公司的治理水平。我们将利用主成分分析法计算得到的公司治理指数按照行业中位数分组，得到表示公司治理机制完善程度的虚拟变量（CG），大于行业中位数取值为 1，表示公司治理状况较为完善，否则为 0，表示公司治理状况较为薄弱。

（4）国家治理。

本书主要从纵向角度定义国家治理。国家治理的概念是在 2013 年党的十八届三中全会上提出，并开始推行各种政策完善国家治理体系和提高国家治理能力。因此，本书将 2013 年之后定义为国家治理较强组，2013 年之前定义为国家治理较弱组。

（5）控制变量。

本书选择了资产总额（SIZE）、资产负债率（LEV）、营业收入增长率（GROWTH）、经营活动产生的现金流量净额（CFO）作为控制变量。本书还控制了行业和年份的固定效应，也控制了公司层面的固定效应。详细变量定义与度量见表 6-1。

表 6-1　变量定义与度量

变量		变量定义
被解释变量	*RET*	股票年度收益率
主要解释变量	*UEPS*	未预期的每股收益
	RISK_ D	风险信息披露数量的自然对数
	CG	公司治理水平，治理水平高为 1，否则为 0
	NG	国家治理，2013 年之后为 1，之前则为 0

续表

变量		变量定义
控制变量	*Size*	总资产的自然对数
	LEV	资产负债率
	GROWTH	营业收入增长率
	CFO	经营活动产生的现金流量净额与总资产之比

6.2.1.2 模型构建

对于假设1，本书使用了以下模型：

$$RET_t = \alpha_0 + \alpha_1 \times UEPS_{t+1} + \alpha_2 \times RISK\_\ D_t + \alpha_3 \times UEPS_{t+1} \times RISK\_\ D_t + \alpha_m \times \sum CONTROLVARIABLES_t + \varepsilon \tag{6-2}$$

如果 α_3 的系数显著为正，则说明风险信息使股票收益率中包含了更多未来盈利的信息，提高了股票定价的准确性；如果 α_3 的系数显著为负，则说明风险信息反而进一步恶化了内部管理层与外部投资者之间的信息不对称，使股价与未来盈余的相关性降低，导致股票定价出现偏误。

对于假设2和假设3，我们仍旧使用模型（6-2），分别按照公司治理以及国家治理进行分组，探究在治理程度不同的组别中，风险信息影响股票定价准确性的作用是否会有所不同。

6.2.1.3 样本选择

由于我国在2007年开始实行了新会计准则，所以本书样本起点定为2007年。由于EPS的数据都要提前一期，所以EPS的数据期间为2008—2016年，其他变量的数据期间为2007—2015年。本书又进一步剔除了以下数据：①财务数据不全的上市公司；②金融类上市公司；③由于ST的公司每天的涨跌停被限制在5%，与正常上市公司存在较大差异，所以本书也予以删除；④由于部分上市公司年报、半年报披露的PDF格式问题，Python软件无法进行文本分析，本书也进行了删除。最后得到样本总数为15926家公司—年度数据。本书数据来源主要是CSMAR数据库以及巨潮资讯网。为了避免异常值的影响，本书所有的连续变量都进行了上下1%的Winsorize缩尾处理。

6.2.2 实证检验

（1）描述性统计。

本书主要变量的描述性统计见表6-2。

表6-2 变量描述性统计

变量	样本数量	均值	中位数	标准差	最小值	最大值
RET	15926	0.270	0.049	0.692	-0.576	4.008
UEPS	15926	0.001	0.000	0.045	-0.180	0.253
RISK_ D	15926	40.221	36.000	22.872	6.000	120.000
Size	15926	21.860	21.729	1.260	18.943	25.395
LEV	15926	0.471	0.468	0.234	0.048	1.495
GROWTH	15926	0.203	0.107	0.605	-0.720	4.501
CFO	15926	0.042	0.041	0.078	-0.211	0.263

通过表6-2可以看出，风险信息披露的最小值为6，最大值为120，均值为40.221，标准差为22.872，不同公司之间存在较大差异，但总体而言，我国上市公司风险信息披露严重不足。由于风险信息披露原值较大，为了避免由此带来的异方差，本书在回归时对风险信息的原值取了自然对数，作为本书风险信息的替代变量。同时在稳健性检验中又分别借鉴Kravet和Muslu（2010）、姚颐和赵梅（2016）使用风险信息披露变化值以及异常风险披露水平进行了重新回归检验。

（2）假设检验。

①假设1检验与结果分析。

假设1的回归结果见表6-3。

表6-3 风险信息与股票定价准确性回归结果

变量	因变量：RET_t			
	(1) 总样本	(2) 高披露组	(3) 低披露组	(4) 总样本
$UEPS_{t+1}$	0.690***	0.766***	0.444***	0.698***
	(7.139)	(5.289)	(3.005)	(7.224)

续表

变量	因变量：RET_t			
	(1) 总样本	(2) 高披露组	(3) 低披露组	(4) 总样本
T①		[T 值=2.78***]		
$RISK\_D_t$				-0.008 (-0.818)
$UEPS_{t+1}\times RISK\_D_t$				0.546*** (3.706)
$UEPS_t$	1.493*** (15.389)	1.471*** (10.039)	1.408*** (9.635)	1.499*** (15.444)
$Size_t$	-0.153*** (-13.756)	-0.180*** (-8.903)	-0.157*** (-9.754)	-0.153*** (-13.778)
LEV_t	0.220*** (5.965)	0.322*** (4.952)	0.187*** (3.527)	0.221*** (5.980)
$GROWTH_t$	0.063*** (8.612)	0.061*** (5.066)	0.065*** (6.105)	0.063*** (8.528)
CFO_t	0.247*** (3.829)	0.393*** (3.830)	0.140 (1.510)	0.244*** (3.781)
行业	是	是	是	是
年份	是	是	是	是
公司固定效应	是	是	是	是
_cons	3.051*** (6.470)	3.832*** (7.107)	3.576*** (8.019)	3.056*** (6.479)
样本数目	15926	7626	8300	15926
调整后 R^2	0.511	0.534	0.513	0.511

注：①***表示在1%水平下显著；②括号内的数值为T值；③T表示第（2）列和第（3）列的 $UEPS_{t+1}$ 系数差异检验。

① 我们使用如下模型进行了回归，其中 $HRISK\_D_t$ 为虚拟变量，风险信息属于高披露组为1，低披露组为0。其中T为 $UERS_{t+1}\times HRISK\_D_t$ 回归估计的T值，用以衡量 $UEPS_{t+1}$ 分组系数是否具有显著差异，$RET_t=\alpha_0+\alpha_1\times UEPS_{t+1}+\alpha_2\times HRISK\_D_t+\alpha_3\times UEPS_{t+1}\times HRISK\_D_t+\alpha_m\times\sum CONTROLVARIABLES_t+\varepsilon$。

通过表 6-3 可以看出，第（1）列中 $UEPS_{t+1}$的系数为 0.690，T 值为 7.139，通过了 1%水平的显著性检验，$UEPS_t$ 的系数为 1.493，T 值为 15.389，同样在 1%水平下显著，并且 1.493>0.690。因此，说明我国上市公司现时股价中不仅包含了当年的盈利信息，同时也能在一定程度上反映出未来的盈利信息，并且对于当年的盈余信息反映程度要高于未来的信息。

本书进一步按照行业—年度中位数将样本划分为高风险信息披露组和低风险信息披露组。从第（2）列和第（3）列可以看出，高披露组 $UEPS_{t+1}$的系数为 0.766，低披露组 $UEPS_{t+1}$的系数为 0.444，两者都通过了 1%水平的显著性检验，进一步的 $UEPS_{t+1}$与风险信息虚拟变量交乘项回归的 T 检验表明 0.766 显著高于 0.444，并且第（4）列 $UEPS_{t+1} \times RISK_D_t$的系数也在 1%水平下显著为正。上述结果说明，随着风险信息披露水平的提高，股价反映未来盈余的能力也随之增强，风险信息可以显著增强股票定价的准确性，这与假设 1b 一致。

控制变量方面，$UEPS_t$的系数始终显著为正，且在不同的风险信息披露组差距很小，说明风险信息披露对于提高股价反映现在公开的盈余信息基本上没有什么作用。公司规模显著为负，这也与其他文献中发现的“规模效应”一致。$GROWTH_t$和 CFO_t的系数都显著为正，说明营业收入增长率越高、经营活动产生的现金流越多，股票收益率越高，这也与相关理论以及先前的文献一致。

②假设 2 和假设 3 检验与结果分析。

假设 2 和假设 3 的回归结果见表 6-4。

表 6-4　风险信息、公司治理、国家治理与股票定价准确性回归结果

变量	因变量：RET_t			
	(1) 公司治理 完善组	(2) 公司治理 薄弱组	(3) 国家治理 完善组	(4) 国家治理 薄弱组
$UEPS_{t+1}$	0.678***	0.676***	0.438*	0.639***
	(3.826)	(5.449)	(1.795)	(6.720)

续表

变量	因变量：RET_t			
	(1) 公司治理 完善组	(2) 公司治理 薄弱组	(3) 国家治理 完善组	(4) 国家治理 薄弱组
$RISK\_D_t$	-0.009	-0.004	0.024	-0.028***
	(-0.568)	(-0.277)	(1.015)	(-2.655)
$UEPS_{t+1} \times RISK\_D_t$	1.056***	0.206	0.804**	0.059
	(3.908)	(1.092)	(2.519)	(0.373)
T_{CG}/T_{NG}①	[T值=2.16**]		[T值=2.87***]	
$UEPS_t$	1.464***	1.498***	1.035***	1.478***
	(8.329)	(12.046)	(4.366)	(15.242)
$Size_t$	-0.173***	-0.117***	-0.183***	-0.146***
	(-8.994)	(-6.974)	(-4.851)	(-10.520)
LEV_t	0.120*	0.277***	0.065	0.180***
	(1.874)	(5.061)	(0.561)	(4.033)
$GROWTH_t$	0.057***	0.063***	-0.008	0.071***
	(4.869)	(5.821)	(-0.414)	(9.417)
CFO_t	0.124	0.284***	0.104	0.182***
	(1.141)	(3.278)	(0.611)	(2.830)
行业	是	是	是	是
年份	是	是	是	是
公司固定效应	是	是	是	是

① 本文使用如下模型进行了回归。其中T为$UEPS_{t+1} \times RISK_D_t \times CG/NG$回归估计的$T$值，用以衡量$UEPS_{t+1} \times RISK_D_t$分组系数是否具有显著差异。$RET_t = \alpha_0 + \alpha_1 \times UEPS_{t+1} + \alpha_2 \times RISK\_D_t + \alpha_3 \times CG/NG + \alpha_4 \times UEPS_{t+1} \times RISK\_D_t + \alpha_5 \times UEPS_{t+1} \times CG/NG + \alpha_6 \times RISK\_D_t \times CG/NG + \alpha_7 \times UEPS_{t+1} \times RISK\_D_t \times CG/NG + \alpha_m \times \sum CONTROLVARIABLES_t + \varepsilon$。

续表

变量	因变量：RET_t			
	(1) 公司治理 完善组	(2) 公司治理 薄弱组	(3) 国家治理 完善组	(4) 国家治理 薄弱组
_cons	3.489***	2.443***	5.573***	3.368***
	(4.226)	(3.685)	(4.150)	(9.478)
样本数目	7765	7781	6896	9030
调整后 R^2	0.494	0.539	0.433	0.352

注：①***、**、*分别表示在 1%、5%及 10%水平下显著；②括号内的数值为 T 值；③T_{CG}表示第（1）列和第（2）列的 $UEPS_{t+1}$×$RISK_D_t$系数差异检验；T_{NG}表示第（3）列和第（4）列的 $UEPS_{t+1}$×$RISK_D_t$系数差异检验。

通过表 6-4 的第（1）列和第（2）列可以看出，在公司治理完善组，$UEPS_{t+1}$×$RISK_D_t$系数为 1.056，T 值为 3.908，在 1%水平下显著；在公司治理薄弱组，$UEPS_{t+1}$×$RISK_D_t$系数为 0.206，T 值为 1.092，并未通过显著性检验，且 $UEPS_{t+1}$×$RISK\_D_t$×CG 三交乘项的回归估计 T 值在 5%水平下显著，说明 1.092 显著高于 0.206。这说明在公司治理完善组，风险信息能够显著提高股价反映未来盈余的能力，而在公司治理薄弱组，风险信息虽然也可以在一定程度上提高股票定价准确性，但作用有限。上述结果表明，公司治理可以抑制管理层的机会主义行为，从而显著提高风险信息质量，进而使其可以显著增强股票定价的准确性。这与假设 2 一致。

通过表 6-4 的第（3）列和第（4）列可以看出，在国家治理完善组，$UEPS_{t+1}$×$RISK_D_t$系数为 0.804，T 值为 2.519，在 5%水平下显著；在国家治理薄弱组，$UEPS_{t+1}$×$RISK_D_t$系数为 0.059，T 值为 0.373，并未通过显著性检验。这与公司治理的结果相似，表明国家治理完善之后，通过从严治党等措施可以抑制证券监管中的各种寻租、腐败行为，提高监管效率；通过提高法律执行力，简化投资者法律诉讼程序，可以使更多投资者获得更高金额的赔偿，从而提高管理层虚假陈述的成本，进而抑制其披露低质量风险信息的动力，最终高质量的风险信息可以显著提高股票定价准确性。

③考虑时序性影响。

我国自20世纪末确立建立现代公司制度以来，不断推行各种法律法规完善公司治理。根据南开大学中国公司治理研究院发布的《2016中国公司治理评价报告》，中国上市公司治理水平在2003—2016年总体上不断提高，除2009年有所回调之外，其他年份呈现出逐年上升态势，并于2016年达到新高①。本书通过主成分分析得到的公司治理指数也发现其均值在2013年之前为-0.131，而2013年之后为0.174，进一步的均值T检验显示，0.174显著高于-0.131。因此，本书所发现的2013年之后风险信息提高股票定价准确性的作用存在两种可能：一是国家治理没有发挥作用，主要是由于公司治理随着时间推移逐步完善从而提高了风险信息质量；二是国家治理和公司治理共同作用的结果。为了探究国家治理和公司治理对风险信息质量的单独影响，本书单独将2013年之后的样本按照公司治理完善程度进行了重新分组。如果发现在公司治理薄弱组，风险信息同样也可以提高股票定价准确性，说明国家治理的确发挥了作用；反之，则说明国家治理并未发挥作用。

通过表6-5第（1）列和第（2）列可以看出，在公司治理薄弱组，$UEPS_{t+1} \times RISK_D_t$系数为0.996，虽然低于公司治理完善组系数1.167，但也通过了5%水平的显著性检验。这就表明2013年之后风险信息的质量不仅有公司治理逐年增强的作用，同时也受到了国家治理更加现代化的影响。

虽然在表6-4第（1）列中，$UEPS_{t+1} \times RISK_D_t$系数显著为正，但由于其回归样本中也包含了2013年之后的样本，所以其结果有可能也受到了国家治理的影响。因此，本书又将样本限制在2013年之前，即国家治理薄弱组，如果公司治理完善组风险信息质量仍旧较高，则说明公司治理的确发挥了重要作用。通过表6-5第（3）列和第（4）列可以看出，在公司治理完善组，$UEPS_{t+1} \times RISK_D_t$系数为0.183，T值为0.581，虽然并未通过显著性检验，但是在公司治理薄弱组，$UEPS_{t+1} \times RISK_D_t$系数为-0.389，$T_{CG}$值为2.90，说

① 详见光明网新闻“2016年中国公司治理指数发布　治理指数六大维度均呈上升态势”，网址：http：//difang. gmw. cn/tj/2016-10/22/content_ 22598828. htm.

明 0.581 显著高于-0.389。

上述结果说明，当国家治理和公司治理都比价薄弱时，管理层机会主义行为较严重，往往倾向于披露低质量风险信息来误导投资者，从而使股票定价出现偏误；当国家治理薄弱而公司治理完善时，管理层的机会主义行为得到了一定程度的抑制，表明公司治理对于提高风险信息质量具有一定的作用；当国家治理完善而无论公司治理是否完善，上市公司披露的风险信息质量都比较高，从而有助于缓解内部管理者与外部投资者之间的信息不对称，进而使股票定价更加准确，更能反映未来的盈利能力。因此，从某种意义上而言，在提高风险信息质量方面，外部国家治理机制的作用要强于内部公司治理。之所以出现这种差异，很可能正如姚颐和赵梅（2016）所言，公司提前披露风险信息进行风险预警根本目的在于规避未来业绩下降所带来的行政处罚。除此之外，紧随行政处罚之后的投资者法律诉讼成本在国家治理更加现代化时也在逐步提高。这些都会直接影响管理层的披露动机，使其行为更容易偏向信息观。当国家治理和公司治理都比较完善时，管理层既受到了内部控制机制的制衡，又考虑到虚假陈述所引发的外部高额处罚成本，加之激励机制的存在，管理层披露的风险信息在四组之中质量最高，其发挥的作用也最大。

表 6-5　考虑时序性后回归结果

变量	因变量：RET_t			
	(1)	(2)	(3)	(4)
	国家治理完善组		国家治理薄弱组	
	公司治理完善组	公司治理薄弱组	公司治理完善组	公司治理薄弱组
$UEPS_{t+1}$	0.303	0.323	0.467***	0.701***
	(0.703)	(0.908)	(2.651)	(5.336)
$RISK\_D_t$	0.020	0.006	-0.045**	-0.021
	(0.575)	(0.153)	(-2.495)	(-1.340)
$UEPS_{t+1} \times RISK\_D_t$	1.167**	0.996**	0.183	-0.389*
	(2.104)	(2.269)	(0.581)	(-1.711)
T_{CG}	[T 值=0.21]		[T 值=2.90***]	

续表

变量	因变量：RET_t			
	(1)	(2)	(3)	(4)
	国家治理完善组		国家治理薄弱组	
	公司治理完善组	公司治理薄弱组	公司治理完善组	公司治理薄弱组
T_{NG}	[T值=1.91*]			
T_{NG}		[T值=3.40***]		
$UEPS_t$	1.194***	0.955***	1.314***	1.534***
	(2.942)	(2.773)	(7.238)	(11.596)
$Size_t$	-0.261***	0.034	-0.168***	-0.129***
	(-4.605)	(0.422)	(-6.730)	(-6.105)
LEV_t	-0.047	0.435*	0.108	0.129**
	(-0.285)	(1.797)	(1.349)	(1.963)
$GROWTH_t$	0.021	0.005	0.056***	0.071***
	(0.818)	(0.128)	(4.546)	(6.308)
CFO_t	0.174	0.151	0.186*	0.200**
	(0.671)	(0.556)	(1.707)	(2.216)
行业	是	是	是	是
年份	是	是	是	是
公司固定效应	是	是	是	是
_cons	6.287***	-2.667	4.059***	2.861***
	(4.167)	(-1.378)	(6.453)	(5.433)
样本数目	3908	2785	3857	4996
调整后 R^2	0.391	0.520	0.391	0.355

注：①***、**、*分别表示在1%、5%及10%水平下显著；②括号内的数值为T值；③T_{CG}表示第（1）列和第（2）列、第（3）列和（4）列的$UEPS_{t+1}\times RISK_D_t$系数差异检验；$T_{NG}$表示第（1）列和第（3）列、第（2）列和第（4）列的$UEPS_{t+1}\times RISK_D_t$系数差异检验。

（3）进一步检验。

不同所有权性质的公司面临的内外环境存在很大差异，所以本书进一步检验了国有企业和非国有企业披露的风险信息对股票定价准确性的影响。详细结果见表6-6和表6-7。

表6-6 风险信息、所有权性质、公司治理与股票定价准确性回归结果

变量	因变量：RET_t					
	(1)	(2)	(3)	(4)	(5)	(6)
	国有企业			非国有企业		
	总样本	公司治理完善组	公司治理薄弱组	总样本	公司治理完善组	公司治理薄弱组
$UEPS_{t+1}$	0.553***	0.524**	0.530***	1.034***	0.990***	1.031***
	(5.048)	(2.332)	(3.825)	(5.744)	(3.708)	(3.558)
$RISK\_D_t$	-0.002	-0.006	-0.002	-0.018	-0.016	-0.031
	(-0.124)	(-0.242)	(-0.161)	(-1.263)	(-0.819)	(-1.243)
$UEPS_{t+1} \times RISK\_D_t$	0.317**	0.901***	0.132	0.876***	1.240**	0.993**
	(1.964)	(2.708)	(0.639)	(2.878)	(2.376)	(2.212)
T_{CG}	[T值=1.82*]			[T值=0.27]		
T_{SOE}	[T值=-1.02]					
$UEPS_t$	1.285***	1.110***	1.348***	1.834***	1.868***	1.702***
	(11.498)	(4.875)	(9.572)	(10.932)	(7.406)	(6.477)
$Size_t$	-0.162***	-0.212***	-0.167***	-0.150***	-0.151***	-0.105***
	(-9.899)	(-6.240)	(-7.399)	(-8.708)	(-5.834)	(-3.412)
LEV_t	0.286***	0.029	0.503***	0.199***	0.155*	0.040
	(5.268)	(0.236)	(6.885)	(3.611)	(1.942)	(0.408)
$GROWTH_t$	0.049***	0.007	0.074***	0.067***	0.073***	0.061***
	(4.785)	(0.420)	(5.259)	(6.342)	(4.902)	(3.277)
CFO_t	0.268***	0.164	0.255**	0.201**	0.028	0.305**
	(3.059)	(0.879)	(2.370)	(2.141)	(0.207)	(2.001)
行业	是	是	是	是	是	是
年份	是	是	是	是	是	是
公司固定效应	是	是	是	是	是	是
_cons	3.771***	5.793***	3.790***	3.070***	3.207***	1.708*
	(8.195)	(6.257)	(6.260)	(4.347)	(3.489)	(1.921)
样本数目	7215	2163	4940	8697	5602	2841
调整后 R^2	0.575	0.582	0.578	0.476	0.478	0.493

注：①***、**、*分别表示在1%、5%及10%水平下显著；②括号内的数值为T值；③T_{CG}表示第（2）列和第（3）列、第（5）列和第（6）列的$UEPS_{t+1} \times RISK_D_t$系数差异检验；$T_{SOE}$表示第（1）列和第（4）列的$UEPS_{t+1} \times RISK_D_t$系数差异检验。

表 6-7 风险信息、所有权性质、国家治理与股票定价准确性回归结果

变量	因变量：RET_t			
	(1)	(2)	(3)	(4)
	国有企业		非国有企业	
	国家治理完善组	国家治理薄弱组	国家治理完善组	国家治理薄弱组
$UEPS_{t+1}$	0.099	0.700***	1.185***	0.593***
	(0.341)	(6.159)	(2.752)	(3.259)
$RISK\_D_t$	0.016	−0.025*	0.006	−0.032*
	(0.490)	(−1.717)	(0.190)	(−1.959)
$UEPS_{t+1}\times RISK\_D_t$	0.585*	−0.272	1.273*	0.628**
	(1.768)	(−1.405)	(1.822)	(2.096)
T_{NG}	[T 值=3.52***]		[T 值=0.36]	
$UEPS_t$	0.625**	1.466***	1.863***	1.472***
	(2.241)	(12.383)	(4.748)	(8.662)
$Size_t$	−0.134**	−0.191***	−0.163***	−0.126***
	(−2.109)	(−9.172)	(−3.301)	(−5.709)
LEV_t	0.402**	0.184***	0.013	0.204***
	(2.096)	(2.723)	(0.084)	(2.982)
$GROWTH_t$	0.008	0.056***	−0.027	0.092***
	(0.252)	(5.276)	(−1.117)	(8.227)
CFO_t	0.101	0.147	0.189	0.143
	(0.395)	(1.637)	(0.836)	(1.504)
行业	是	是	是	是
年份	是	是	是	是
公司固定效应	是	是	是	是
_cons	3.353**	4.033***	2.415*	2.762***
	(2.236)	(7.699)	(1.810)	(4.354)
样本数目	2647	4568	4235	4462
调整后 R^2	0.573	0.358	0.366	0.361

注：①***、**、*分别表示在1%、5%及10%水平下显著；②括号内的数值为 T 值；③T_{NG}表示第（1）列和第（2）列、第（3）列和第（4）列的 $UEPS_{t+1}\times RISK_D_t$系数差异检验。

从表 6-6 的第（1）列和第（4）列可以看出，在国有企业组，$UEPS_{t+1}\times RISK_D_t$系数为 0.317，$T$ 值为 1.964，在 5%水平下显著；在非国有企业组，$UEPS_{t+1}\times RISK_D_t$系数为 0.876，$T$ 值为 2.878，在 1%水平下显著，进一步通过 T_{SOE}判断，0.876 虽然高于 0.317，但是并不显著。这说明非国有企业披露的风险信息作用要高于国有企业，但是这种差异并不显著。通过表 6-6 第（2）列、第（3）列、第（5）列、第（6）列以及表 6-7 可以看出，T_{CG}和 T_{NG}的检验结果都显著为正，说明公司治理及国家治理完善组国有企业披露的风险信息质量分别显著高于公司治理和国家治理薄弱组；非国有企业在公司治理不同组之间 $UEPS_{t+1}\times RISK_D_t$系数都显著为正，但 T_{CG}和 T_{NG}的检验结果显示非国有企业不同组之间的系数并不存在显著差异。说明非国有企业披露的风险信息无论是在不同的国家治理及公司治理组都可以显著提高股票定价准确性，且其作用并不存在显著差异。

上述结果表明，虽然国有企业披露的风险信息也会提高股票定价准确性，但其作用又有很强的“状态依存性”，其正向作用主要体现在公司治理和国家治理完善组。非国有企业披露的风险信息则可以始终提高股票定价准确性，受到国家治理和公司治理的影响相对而言较小。出现这一现象可能的解释是：姚颐和赵梅（2016）发现公司坦诚披露风险信息会收获更多的市场奖励，即更容易获得外部融资。我国所有权性质不同的公司所遭受的融资约束差异较大，国有控股公司在财务和政治上能够得到政府更多的支持，金融资源大都流向国有企业，民营企业本身面临较大的融资约束（林毅夫等，2004；江伟和李斌，2006）。因此，非国有企业为了获取外部融资，本身就有很强动机披露高质量的风险信息。国有企业管理层出于保持职业稳定或政治晋升等考虑，倾向于报喜不报忧，不愿意披露高质量的风险信息，但是国家治理和公司治理可以显著抑制管理层的机会主义行为，增强其披露的信息观。

（4）稳健性检验。

①使用异常风险信息披露水平。

由于风险信息的披露受多种因素的影响，属于内生性变量。为了消除可能的内生性对实证结果的影响，本书借鉴姚颐和赵梅（2016）的做法，首先计算由企业规模、盈利能力等因素影响的合理风险信息披露值，其次用实际披露值减去合理披露值，得到异常风险信息披露水平，最后使用异常风险信息替代实际风险信息，代入模型（6-2）重新对假设 1 至假设 3 进行检验。计算合理风险信息披露水平基本回归模型如下：

$$RISK\_D = \beta_0 + \beta_1 \times SIZE + \beta_2 \times ROE + \beta_3 \times TOP + \beta_4 \times SOE + \beta_5 \times TOP + \beta_6 \times GROWTH + \beta_7 \times OVERSEA + \beta_7 \times ACADEMIC + \beta_8 \times MARKET + \sum CONTROL + \varpi \quad (6-3)$$

表 6-8 异常风险信息、公司治理、国家治理与股票定价准确性回归结果

变量	因变量：RET_t				
	(1)	(2)	(3)	(4)	(5)
	总样本	公司治理完善组	公司治理薄弱组	国家治理完善组	国家治理薄弱组
$UEPS_{t+1}$	0.705***	0.633***	0.665***	0.488*	0.634***
	(7.240)	(3.558)	(5.389)	(1.958)	(6.642)
$ARISK\_D_t$	-0.025***	-0.026*	-0.019	0.030	-0.046***
	(-2.612)	(-1.652)	(-1.451)	(1.222)	(-4.229)
$UEPS_{t+1} \times ARISK\_D_t$	0.646***	1.225***	0.225	0.979***	0.145
	(4.282)	(4.525)	(1.151)	(2.870)	(0.918)
T_{CG}/T_{NG}		[T 值=2.43**]		[T 值=3.28**]	
$UEPS_t$	1.502***	1.444***	1.495***	1.071***	1.483***
	(15.339)	(8.224)	(12.025)	(4.424)	(15.214)
$Size_t$	-0.152***	-0.172***	-0.117***	-0.182***	-0.151***
	(-13.624)	(-8.929)	(-6.995)	(-4.712)	(-10.812)
LEV_t	0.208***	0.110*	0.275***	0.074	0.173***
	(5.560)	(1.723)	(5.033)	(0.630)	(3.849)
$GROWTH_t$	0.065***	0.057***	0.064***	-0.006	0.071***
	(8.703)	(4.927)	(5.845)	(-0.344)	(9.479)
CFO_t	0.214***	0.122	0.282***	0.033	0.172***
	(3.303)	(1.118)	(3.263)	(0.187)	(2.667)
行业	是	是	是	是	是
年份	是	是	是	是	是

续表

变量	因变量：RET_t				
	(1)	(2)	(3)	(4)	(5)
	总样本	公司治理完善组	公司治理薄弱组	国家治理完善组	国家治理薄弱组
公司固定效应	是	是	是	是	是
_ *cons*	3.693***	3.516***	2.427***	4.400***	3.458***
	(8.280)	(4.258)	(3.667)	(4.067)	(9.719)
样本数目	15752	7765	7781	6762	8990
调整后 R^2	0.512	0.495	0.539	0.433	0.354

注：①***、**、* 分别表示在 1%、5%及 10%水平下显著；②括号内的数值为 T 值；③T_{CG}表示第（2）列和第（3）列、T_{CG}表示第（4）列和第（5）列的 $UEPS_{t+1}$×$RISK_D_t$系数差异检验。

ARISK_ D_t表示异常风险信息披露水平。通过表 6-8 可以看出，实证结果与前文基本一致，未发生显著变化。

②使用风险信息披露的变化值。

本书借鉴 Kravet 和 Muslu（2010）的思路，使用风险信息的变化值替代原值，分别对假设 1 至假设 3 进行重新检验。详细实证结果见表 6-9。

表 6-9　风险信息变化值、公司治理、国家治理与股票定价准确性回归结果

变量	因变量：RET_t				
	(1)	(2)	(3)	(4)	(5)
	总样本	公司治理完善组	公司治理薄弱组	国家治理完善组	国家治理薄弱组
$UEPS_{t+1}$	0.556***	0.710***	0.509***	0.498**	0.480***
	(5.186)	(3.684)	(3.650)	(2.000)	(4.385)
$\Delta RISK\_D_t$	-0.002	0.001	-0.001	0.014	-0.025***
	(-0.224)	(0.065)	(-0.096)	(0.788)	(-2.922)
$UEPS_{t+1}\times\Delta RISK\_D_t$	0.620***	0.808***	0.383*	1.251***	-0.138
	(4.021)	(2.886)	(1.851)	(3.981)	(-0.784)
T_{CG}/T_{NG}		[T 值=0.98]		[T 值=3.75***]	
$UEPS_t$	1.412***	1.529***	1.399***	1.042***	1.354***
	(13.270)	(7.994)	(10.201)	(4.261)	(12.751)

续表

变量	因变量：RET_t				
	(1)	(2)	(3)	(4)	(5)
	总样本	公司治理完善组	公司治理薄弱组	国家治理完善组	国家治理薄弱组
$Size_t$	-0.150***	-0.189***	-0.106***	-0.200***	-0.116***
	(-11.758)	(-8.771)	(-5.252)	(-5.117)	(-7.039)
LEV_t	0.239***	0.115	0.337***	0.102	0.169***
	(5.803)	(1.629)	(5.375)	(0.849)	(3.331)
$GROWTH_t$	0.050***	0.051***	0.044***	-0.006	0.043***
	(6.169)	(4.084)	(3.598)	(-0.338)	(5.346)
CFO_t	0.279***	0.140	0.276***	0.159	0.160**
	(3.939)	(1.169)	(2.868)	(0.902)	(2.275)
行业	是	是	是	是	是
年份	是	是	是	是	是
公司固定效应	是	是	是	是	是
_cons	3.716***	4.648***	2.167***	5.795***	2.729***
	(6.108)	(5.848)	(3.041)	(4.257)	(4.612)
样本数目	13994	6992	6683	6556	7438
调整后 R^2	0.514	0.491	0.548	0.434	0.396

注：①***、**、*分别表示在1%、5%及10%水平下显著；②括号内的数值为 T 值；③T_{CG}表示第（2）列和第（3）列、T_{NG}表示第（4）列和第（5）列的 $UEPS_{t+1}\times RISK\_D_t$ 系数差异检验。

$\Delta RISK_D_t$表示风险信息披露的变化值。通过表 6-9 可以看出，在公司治理薄弱组，$UEPS_{t+1}\times\Delta RISK_D_t$系数为 0.383，在 10%水平下显著。这说明公司治理薄弱组披露的风险信息增加值也会提高股票定价准确性。而国家治理分组结果与前文保持一致。

③使用行业对比的未预期 EPS。

由于单纯使用公司前后年度 EPS 的变化值衡量未预期收益可能会忽略行业的整体影响。为消除这一问题，本书使用经过行业调整后的 EPS 变化值作为未预期盈利的替代变量进行重新回归。$ADRISK_D_t$表示经过行业调整后的 EPS 变化值。实证结果未发生显著变化。详细实证结果见表 6-10。

表 6-10 使用行业对比的未预期 EPS 的回归结果

变量	因变量：RET_t				
	(1)	(2)	(3)	(4)	(5)
	总样本	公司治理完善组	公司治理薄弱组	国家治理完善组	国家治理薄弱组
$UEPS_{t+1}$	0.740***	0.749***	0.717***	0.813***	0.562***
	(7.381)	(4.061)	(5.607)	(3.176)	(5.708)
$ADRISK\_D_t$	-0.007	-0.009	-0.003	0.025	-0.028***
	(-0.773)	(-0.545)	(-0.217)	(1.086)	(-2.639)
$UEPS_{t+1} \times ADRISK\_D_t$	0.550***	1.081***	0.186	0.880***	0.077
	(3.539)	(3.806)	(0.932)	(2.587)	(0.466)
T_{CG}/T_{NG}		[T 值=2.19**]		[T 值=3.01***]	
$UEPS_t$	1.482***	1.512***	1.471***	1.225***	1.419***
	(14.870)	(8.310)	(11.555)	(5.043)	(14.163)
$Size_t$	-0.153***	-0.172***	-0.117***	-0.173***	-0.150***
	(-13.782)	(-8.926)	(-6.966)	(-4.593)	(-10.722)
LEV_t	0.219***	0.120*	0.274***	0.039	0.190***
	(5.939)	(1.875)	(5.004)	(0.334)	(4.239)
$GROWTH_t$	0.064***	0.057***	0.066***	-0.009	0.072***
	(8.739)	(4.873)	(6.025)	(-0.508)	(9.630)
CFO_t	0.255***	0.127	0.299***	0.104	0.191***
	(3.955)	(1.166)	(3.457)	(0.610)	(2.968)
行业	是	是	是	是	是
年份	是	是	是	是	是
公司固定效应	是	是	是	是	是
_cons	3.059***	3.484***	2.433***	5.414***	3.441***
	(6.481)	(4.219)	(3.666)	(4.036)	(9.659)
样本数目	15926	7765	7781	6896	9030
调整后的 R^2	0.511	0.494	0.538	0.434	0.349

注：①***、**、*分别表示在 1%、5%及 10%水平下显著；②括号内的数值为 T 值；③T_{CG}表示第（2）列和第（3）列、T_{NG}表示第（4）列和第（5）列的 $UEPS_{t+1} \times RISK_D_t$系数差异检验。

④剔除证券市场不理性年份。

2007 年、2008 年及 2015 年，我国证券市场出现了大涨大跌，投资者情绪处于不理性阶段，这也就有可能导致股票定价偏离公司的预期价值。因此，本书将这 3 年的数据剔除后进行了重新回归，实证结果未发生显著变化。详细结果见表 6-11。

表 6-11 剔除了证券市场不理性年份后的回归结果

变量	因变量：RET_t				
	(1)	(2)	(3)	(4)	(5)
	总样本	公司治理完善组	公司治理薄弱组	国家治理完善组	国家治理薄弱组
$UEPS_{t+1}$	0.706***	0.798***	0.653***	0.043	0.653***
	(5.364)	(3.395)	(3.738)	(0.110)	(3.738)
$RISK\_D_t$	-0.012	-0.032	0.005	0.062	0.005
	(-0.979)	(-1.493)	(0.286)	(1.353)	(0.286)
$UEPS_{t+1}\times RISK\_D_t$	0.644***	1.301***	0.142	1.397**	0.142
	(3.008)	(3.314)	(0.511)	(2.490)	(0.511)
T_{CG}/T_{NG}		[T 值=2.07**]		[T 值=2.39**]	
$UEPS_t$	1.487***	1.568***	1.504***	0.662*	1.504***
	(12.461)	(7.179)	(9.757)	(1.818)	(9.757)
$Size_t$	-0.179***	-0.221***	-0.131***	-0.268***	-0.131***
	(-10.399)	(-7.261)	(-5.066)	(-3.596)	(-5.066)
LEV_t	0.333***	0.190**	0.479***	0.437**	0.479***
	(6.311)	(2.056)	(6.165)	(1.993)	(6.165)
$GROWTH_t$	0.054***	0.047***	0.057***	-0.022	0.057***
	(5.584)	(2.949)	(3.984)	(-0.750)	(3.984)
CFO_t	0.277***	0.139	0.353***	0.329	0.353***
	(3.332)	(0.990)	(3.132)	(1.245)	(3.132)
行业	是	是	是	是	是
年份	是	是	是	是	是
公司固定效应	是	是	是	是	是
$\_cons$	4.383***	5.111***	3.447***	6.536***	3.447***
	(7.421)	(7.137)	(4.739)	(3.457)	(4.739)
样本数目	11435	5649	5614	4591	5614
调整后 R^2	0.544	0.539	0.561	0.393	0.561

注：①***、**、*分别表示在 1%、5%及 10%水平下显著；②括号内的数值为 T 值；③T_{CG}表示第（2）列和第（3）列、T_{NG}表示第（4）列和第（5）列的 $UEPS_{t+1}\times RISK_D_t$系数差异检验。

⑤将公司治理划分为 3 组。

前文中将公司治理划分为 2 组有可能会受到分界值的影响，比如公司治理指数相邻两家公司，由于恰好位于行业中位数附近而被分到了公司治理完善组和薄弱组，其实本质上两家公司的治理水平差距并没有那么大。因此，这种分界值也有可能会影响本书的实证结果。为了消除这一影响，本书将公司治理减去行业中位数之后的差值按照三分位数分为 3 组，分别为公司治理完善组、公司治理一般组及公司治理薄弱组；然后进一步探究公司治理完善组和薄弱组，风险信息的作用是否存在显著差别。详细实证结果见表 6-12。

表 6-12　将公司治理分为 3 组之后的回归结果

变量	因变量：RET_t		
	(1)	(2)	(3)
	公司治理完善组	公司治理薄弱组	公司治理一般组
$UEPS_{t+1}$	0.689***	0.685***	0.603***
	(2.679)	(4.382)	(3.657)
$RISK\_D_t$	-0.040*	-0.016	0.010
	(-1.915)	(-0.972)	(0.562)
$UEPS_{t+1} \times RISK\_D_t$	0.793**	0.013	0.556**
	(2.043)	(0.048)	(2.242)
T_{CG}	[T 值=2.45**]		
$UEPS_t$	1.762***	1.539***	1.257***
	(6.872)	(9.540)	(7.727)
$Size_t$	-0.184***	-0.121***	-0.159***
	(-6.479)	(-5.290)	(-7.890)
LEV_t	0.139	0.225***	0.250***
	(1.508)	(3.002)	(3.743)
$GROWTH_t$	0.057***	0.065***	0.073***
	(3.336)	(4.349)	(6.021)
CFO_t	0.149	0.199*	0.322***
	(0.965)	(1.815)	(2.937)

续表

变量	因变量：RET_t		
	(1)	(2)	(3)
	公司治理完善组	公司治理薄弱组	公司治理一般组
行业	是	是	是
年份	是	是	是
公司固定效应	是	是	是
_ *cons*	4.924***	2.354***	3.286***
	(5.438)	(3.347)	(5.804)
样本数目	5169	5164	5213
调整后 R^2	0.488	0.529	0.550

注：①***、**、*分别表示在1%、5%及10%水平下显著；②括号内的数值为 T 值；③T_{CG} 表示第（1）列和第（2）列的 $UEPS_{t+1} \times RISK\_D_t$ 系数差异检验。

通过表6-12可以看出，$UEPS_{t+1} \times RISK\_D_t$ 的系数在公司治理完善组显著为正，而在公司治理薄弱组系数不显著且仅为0.013。这与前文的实证结果一致，说明公司治理分组时本书的结论并未受到临界值的影响。

6.3 本章小结

我国上市公司披露的风险信息质量如何？其能否提高股票定价准确性？其作用是否在不同公司、相同公司不同时期有所差异？本书从公司治理和国家治理视角对此进行了理论分析，并以2007—2015年15926个A股非金融类上市公司为研究样本，提供了大样本的经验证据。实证结果表明：①对于总样本，我国上市公司披露的风险信息可以提高股票反映未来盈余的能力。②公司治理作为一种重要的控制机制，可以在一定程度上抑制管理层信息披露时的机会主义行为，从而提高披露质量。③为了推行国家治理现代化，党的十八大之后，我国推行了各种措施，比如从严治党抑制了证券监管中的各种寻租和腐败行为，提高了监管效率。完善法律法规及保证法律实施简化了投资者法律诉讼程序、提高了法律执行力度，使得更多投资者获得了更高的赔偿额。这极大地提高了管理层虚假陈述的成本。因此，国家治理更加完善的时期，公司披露的风险信息质量更高，更能够显著提高股票定价的准确性。④进一步按照公司治理和国家治理是否完善进行两两分组，发现国家治理的作用强于公司治理。⑤总体而言，虽然国有企业和非国有企业披露的风险信息都可以提高股票定价准确性，但是只有当公司治理以及国家治理完善时，国有企业披露的风险信息才会发挥正向作用；而非国有企业风险性披露质量始终处于较高的质量水平，在任何情境下都可以显著增强股票定价准确性。上述检验在经过一系列测试后仍然成立。

本书的实证结果同样具有一定的实践参考价值：对于政府监管部门而言，从一系列的披露准则或指引可以看出，相关政府部门对于上市公司的风险披露行为规定越来越详细，有从自愿披露向强制披露转化的趋势。本书的实证结果表明，政府的上述措施在公司治理完善及国家治理完善组具有明显的效果，这对于以后政府更加有针对性地对已有信息披露准则和指引进行修订完善以及如何提供相应的配套措施具有一定的帮助；本书也有助于上市公司制定合适的信息披露政策，避免由于投资者风险感知失误所导致的股价折价，从而提高公司价值；本书也可以帮助投资者提高辨别上市公司风险信息披露质量的能力，从而提高投资决策的准确性，进而更好地保护投资者利益，维护资本市场健康、稳定、持久发展。

第 4 篇 总 结

第7章 研究结论与未来展望

本章对全文进行一个总结。首先，将对文章所得到的主要研究结论和启示进行归纳和总结，并给出相应的政策建议；其次，在对文章研究存在的局限性进行分析的基础上，指出未来值得进一步研究的问题和方向。

7.1 研究结论

本书主要从披露动机和披露的经济后果两个层面对前瞻性非财务信息披露质量进行全面系统的分析。研究结论如下：

一是从披露动机的视角，与以往文献多以资本市场交易动机作为理论基础不同的是，本书基于中国特殊的制度背景——资本市场发展尚不成熟、市场交易高度依赖关系，尤其是与政府官员之间的关系网络成为公司的核心竞争力，系统分析了专有成本对于上市公司非财务信息披露的影响。研究结果显示，一方面，详细披露高质量非财务信息导致了高昂的专有成本；另一方面，公司获取资源主要依赖于关系，所以详细披露所产生的边际收益相对比较低，总体而言我国上市公司并不愿意披露更加详细的高质量的前瞻性非财务信息。而对于高科技企业而言，其核心竞争力更多依靠创新以及处于高市场化进程地区的公司，市场更加完善，企业交易对于关系的依赖性也比较低，所以这两类公司在权衡披露收益和成本后，往往倾向于披露更加详细的高质量的非财务信息。

二是从披露的经济后果视角，本书主要考察了非财务信息披露对于企业投资效率以及股票定价准确性两个角度。研究结果显示：首先，在我国特殊的新兴市场制度背景下，上市公司管理者自愿披露动机的机会主义观普遍存在，虚假陈述的现象较为严重，管理者为了享受控制权私有收益往往倾向于披露数量更多但质量较低的非财务信息来迷惑投资者。而由于我国资本市场发展期限较短，限于自身辨别非财务信息质量能力不足，投资者对于质量较低的非财务信息也给予了信任，所以低质量的非财务信息也可以缓解融资约束，使公司获取了大量资源甚至超过自身所需的超额市场资源，在建立“商业帝国”等自身利益驱动以及外部压力如政府干预的双重作用下，管理者扩大了非效率投资规模，导致了过度投资。也有其他一些公司管理者虽然利用获取的超额市场资源投资了一些高收益项目，缓解了投资不足，但同时也通过资金占用的方式转移外部融资以享受控制权私有收益。近年来我国资本市场上出现了大量虚假陈述案，严重损害了投资者对于上市公司披露信息的信任程度，并且随着知识结构、投资水平不断增长，投资者不断成熟，其辨别信息质量的能力也越来越强。逐年的回归结果显示，在 2009 年和 2010 年的子样本中，投资者对于低质量的非财务信息信任程度较低，因此低质量的非财务信息没有同 2004 年至 2008 年的子样本那样显著缓解融资约束，从而进一步影响投资规模和企业投资效率。从 2007 年开始，中国证监会颁布实施了《上市公司信息披露管理办法》，并修订了《公开发行证券的公司信息披露内容与格式准则第 2 号〈年度报告的内容与格式〉》，要求所有公司在管理层讨论和分析中，都应更加详细地披露有关公司未来发展方面的信息。一系列的政策变化表明此类信息有自愿披露向强制披露转变的趋势，但通过本书的实证结果可以看出，这种转变是否一定能达到保护投资者利益、提高资本市场资源配置效率的初衷以及实际的经济后果，还需要谨慎地评价和验证。其次，当公司治理更加完善时，管理者自愿披露动机的机会主义观得到了抑制，同时增强了自愿披露动机的信息观，所以提高了非财务信息质量。高质量的非财务信息一方面可以防止公司管理者获取超额市场资源从而避免了过度投资，另一方面一些非财务信息如有关投资项目的信息也可以帮助外部投资者监督管理者的投资活动，使得对管理层决策行为的效果能够及时跟踪和调查，抑制其通过扩大非效率投资规模来享受控制权私有收益。但是与基于西方成熟市场的经验证据不同的是，在 2004—2008 年的子样本中，本书并未发现质量更高的非财务信息可信性也更强，所以在这个时间段内，治理更加完善的公司披露的非财务信息并未被投资者更加信任，因此与其他公司相比，这类公司的非财务信息并没有更加显著地缓解约束、帮助公司获取更多急需的市场资源用于投资高收益项目，从而缓解投资不足，原因可能在于我国公司治理被确立和发展的期限较短，投资者可能比较忽视其作用或者即使有投资者注意到公司治理的重要作用，但缺乏对公司治理情况进行准确评价的专业知识，从而使得非财务信息的质量与可信性发生了分离。不过，随着近年来我国公司治理改革力度不断加强以及媒体、专家学者与相关政府机构的宣传，越来越多的投资者逐渐开始重视公司治理的作用，并且其知识结构越来越成熟，准确评价公司治理水平的能力也越来越强，本书的经验证据表明，在2009—2010年的子样本中，治理更加完善的公司披露的非财务信息赢得了投资者信任，其可以显著缓解融资约束，使得这类优质公司获得了急需的市场资源，从而可以投资于那些高收益项目，缓解了投资不足，提高了企业投资效率。本章的政策贡献在于，政府应该继续加强公司治理改革力度，这有助于增强上市公司自愿披露的非财务信息质量。虽然通过近年来的努力，我国上市公司治理水平不断上升，但不可否认的是，还存在很多问题。比如通过描述性得知，部分公司的治理结构和运行机制如独立董事比例、监事会会议次数等并不符合有关法律法规的要求；虽然大部分公司的治理合规性有了明显改善，但创新性不足，比如超过一半公司的独立董事比例仅仅是恰好满足《关于在上市公司建立独立董事制度的指导意见》的要求。此外，如何制衡控股股东对上市公司的超强控制力、建立完善的包括股权激励在内的薪酬制度、增强董事会专业性等也都是我国未来公司治理改革应该重点关注的课题。再次，当公司信息披露考评为优秀或良好时，无论是总样本还是各个不同年度的子样本，非财务信息都与过度投资显著负相关，说明这类公司披露的非财务信息质量较高，并且那些以前年度一直被评为优秀或良好的公司，其抑制过度投资的效果更加明显，但与仅上一年度被评为优秀或良好的公司相比，本书没有发现这种差异具有统计上的显著性。更进一步，本书还发现信息披露考评为优秀或良好的公司披露的非财务信息更容易赢得投资者信任，所以其更能缓解融资约束，使得优质公司获取急需的市场资源投资于高收益项目，从而可以缓解投资不足。与仅上一年度被评为优秀或良好的公司相比，以前年度一直被评为优秀或良好的公司披露的非财务信息更能被投资者信任，所以其缓解融资约束和投资不足的作用更加明显，并且这种差异也通过了统计上的显著性检验。本章的实证结果表明，深圳证券交易所实施的信息披露考评制度对于提高非财务信息质量，增强其可信性具有显著作用，这种考评制度也非常值得进一步加强和推广。最后，本书还考察了前瞻性非财务信息的重要组成部分——风险性信息对于股票定价准确性的影响。结果显示，总体而言我国上市公司披露的风险信息显著增强了股价反映未来盈利的能力；国家治理和公司治理都可以不同程度提高风险信息质量，且外部国家治理的作用强于内部公司治理；非国有企业披露的风险信息无论在何种情形下都可以显著提高股价反映未来盈利的能力，国有企业只有在国家治理和公司治理完善时才会披露高质量的风险信息。上述实证结果在经过一系列稳健性测试后依然成立。

7.2 研究局限和未来展望

7.2.1 研究局限

本书主要存在以下两个研究局限：

一是无论使用打分法还是句子数目来测度前瞻性非财务信息，本书只对非财务信息的披露数量进行了研究，对于非财务信息的其他特性如时间属性（披露的早晚）、信息性质（如同样数量的非财务信息重要程度可能有所不同）等并未进行深入的探讨分析，同时也未深入探究非财务信息披露的语调、可读性等影响，这有可能会对最终结果造成一定的影响，有待于进一步研究解决。

二是对于公司治理的评价，本书主要考察了治理结构，虽然也考虑了部分运行机制如股东大会、董事会等会议召开情况，但不可否认的是虽然完善的治理结构与良好的治理机制具有紧密的联系，但两者并非完全一致，很多时候也可能会存在偏差。这可能会对本书的实证结果造成一定的影响，有待于进一步研究解决。唐雪松等（2010）、叶康涛等（2011）从独立董事公开发表质疑意见的视角研究了董事会的实际决策运行过程，这可能为以后更加准确地评价公司治理质量提供了一个非常好的借鉴思路。

7.2.2 未来研究展望

尽管学者对于上市公司披露非财务信息的内在机制以及经济后果进行了大量有益探索，无论是研究内容还是研究方法，都有非常重要的理论价值和实践指导意义，但仍旧存在很多研究不足，有待改进和完善，值得后续学者继续研究探索。具体如下：

一是积极探索准确衡量非财务信息的方法。目前对于非财务信息的衡量主要是从两个视角：①采用主观打分法。这种方法虽然可以根据研究内容选择相应的指标，具有较强的针对性，但无论是在指标选取还是对权重赋值时都存在较强的主观性，从而损害了研究的解释力和可鉴证性，并且这种方法需要阅读大量的年报和临时公告，工作量较大，使得研究样本普遍偏小，从而提高了抽样误差，进而降低了估计结果的可靠性。为了降低打分法存在的主观估计噪声，Muslu 等（2014）、Bozzolan 等（2009）等采用披露信息的句子数目来测度非财务信息，这虽然可以在一定程度上避免主观性误差，但句子数目越多是否等同于披露的非财务信息数量也越多则存在一定疑问，因为那也可能是公司披露了大量冗余而没有任何信息含量的信息所导致。②直接采用一些非财务指标，如顾客满意度、市场占有率等。采用这种方法可以有效避免打分法只注重披露信息的数量而忽略了信息的重要程度。比如即使公司披露了顾客满意度，但不同公司的顾客满意度并不完全相同，而是存在着较大差异，如果忽视这种差异，仅仅考虑是否披露，就可能得出错误的实证结论。然而，由于各国并没有对非财务指标制定统一的准则，不同公司之间甚至相同公司在不同时期，非财务信息指标的计算口径可能并不一致，从而缺乏可比性，影响了实证结果的准确性。另外，还有其他学者，如 Li（2008，2010）近年来开始尝试从可读性、披露语气等词汇特征的视角研究非财务信息，目前越来越多的学者开始使用文本分析法来深入研究非财务信息披露。因此，将来学者研究非财务信息的首要问题应该是积极探索更加有效的衡量方法，而这将直接决定此类研究的可靠性、可信性以及可推广性。

二是通过本书的实证结论可以发现，随着我国资本市场发展越来越成熟，各项制度逐渐趋于完善，上市公司自愿披露低质量的非财务信息已经不能再赢得投资者信任，但是风险性信息却一直在发挥巨大作用。那么在这种情况下，未来公司管理者自愿披露动机的信息观是会得到加强或者还是会采用更加隐蔽的方式来操纵信息披露？如果未来公司管理者自愿披露动机的信息观得到了加强，已经对此类信息失去信任的投资者是否会重新依赖其指导投资决策呢？这个问题也需要学者及相关监管部门进行持续关注。

三是在研究方法上，目前有关非财务信息的研究主要以基于二手数据的档案研究为主，而其他研究方法尤其是行为实验则非常鲜见。非财务信息发挥作用经历了一个“管理者披露信息（供给方）—投资者或其他利益相关者（需求方）处理、使用信息”的过程，英美等成熟市场还存在市场中介机构如财务分析师解读信息并传递给投资者的中间机制。在知识结构、能力、精力、情绪等限制下，无论是财务分析师还是投资者并非完全理性的，所以其在使用信息指导决策时，信念更新并不服从贝叶斯过程。由于无法取得一手数据及难以找到合适的替代变量，档案研究并不能很直接地捕捉到这种信息处理过程，所以也就很难进一步深入分析非财务信息究竟是如何影响信息使用者决策行为的，因此，尽管国内外学者针对非财务信息研究已经取得了卓有成效的成果，但非理性的信息使用者从接收信息一直到输出结果的内在机制仍旧是一个“黑箱”。在这种情况下，以心理学为基础理论的行为实验可以很好地弥补档案研究的不足，有助于我们揭开这个“黑箱”，从而可以更加深刻地理解财务分析师或投资者在面对相关性更强但可鉴证性较差的非财务信息时是如何更新其信念的。

四是在研究理论上，目前针对非财务信息的文献大多是以代理理论、信号传递理论作为研究基础分析披露动机及相应的经济后果，但这两种理论都有一个基本前提——投资者是仅有的信息使用者，而随着利益相关者权益保护的观念越来越深入人心，公司披露信息的使用者已不局限于投资者，同样也包括顾客、政府、员工等其他群体，顾客可能会通过披露信息来判断公司是否重视产品质量，政府也可能会就此确定公司在环境保护、员工利益维护方面是否合规。在考虑到信息使用者越来越多元化的情况下，管理者会基于何种动机披露非财务信息，其又会导致何种相应的经济后果？代理理论和信号传递理论已经难以对上述问题提供完全合理的解释，所以迫切需要引入或创建新的理论模型用以指导研究和解决实践问题。目前，一些学者开始使用合法性理论、制度理论等分析非财务信息披露问题，这为今后研究提供了一个很好的借鉴思路。

参考文献

[1] 白重恩，刘俏，陆洲，宋敏，张俊喜. 中国上市公司治理结构的实证研究［J］. 经济研究，2005（12）：81-91.

[2] 蔡卫星，高明华. 审计委员会与信息披露质量：来自中国上市公司的经验证据［J］. 南开管理评论，2009（4）：120-127.

[3] 陈冬华，章铁生，李翔. 法律环境、政府管制与隐性契约［J］. 经济研究，2008（3）：60-72

[4] 陈国辉，关旭，王军法. 企业社会责任能抑制盈余管理吗？——基于应规披露与自愿披露的经验研究［J］. 会计研究，2018（3）：19-26.

[5] 陈亮. 虚假陈述揭露日应如何确定［N］. 上海证券报，2007-10-08.

[6] 程新生，谭有超，程昱. 前瞻性信息缓解了信息不对称吗？［J］. 财经研究，2013（2）：43-54.

[7] 程新生，谭有超，廖梦颖. 强制披露、盈余质量与市场化进程——基于制度互补性的分析［J］. 财经研究，2011b（2）：60-71.

[8] 杜兴强，周泽将. 信息披露质量与代理成本的实证研究———基于深圳证券交易所信息披露考评的经验证据［J］. 商业经济与管理，2009（12）：76-82.

[9] 段钊，何雅娟，钟原. 企业社会责任信息披露是否客观——基于文本挖掘的我国上市公司实证研究［J］. 南开管理评论，2017（4）：62-72.

[10] 樊纲，王晓鲁. 中国市场化指数：各地区市场化相对进程年度报告［M］. 北京：经济科学出版社，2004.

[11] 方红星，金玉娜. 高质量内部控制能抑制盈余管理吗——基于自愿性内部控制鉴证报告的经验研究［J］. 会计研究，2011（8）：53-60.

[12] 方颖，郭俊杰. 中国环境信息披露政策是否有效：基于资本市场反应的研究［J］. 经济研究，2018（10）：158-174.

[13] 封思贤. 公司业绩与自愿性信息披露的实证研究［J］. 经济问题探索，2005（6）：89-93.

[14] 韩鹏，岳园园. 企业创新行为信息披露的经济后果研究——来自创业板的经验证据

[J]. 会计研究，2016（1）：49-55.
[15] 郝项超，苏之翔. 重大风险提示可以降低 IPO 抑价吗？——基于文本分析法的经验证据［J］. 财经研究，2014，40（5）：42-53.
[16] 何卫东. 上市公司自愿性信息披露研究［R］. 深圳证券交易所研究报告，2003.
[17] 何贤杰，肖土盛，陈信元. 企业社会责任信息披露与公司融资约束［J］. 财经研究，2012（8）：60-71.
[18] 靳庆鲁，原红旗. 公司治理与股改对价的确定［J］. 经济学（季刊），2008，8（1）：249-270.
[19] 李青原. 会计信息质量与公司资本配置效率——来自我国上市公司的经验证据［J］. 南开管理评论，2009（2）：115-124.
[20] 李志斌，章铁生. 内部控制、产权性质与社会责任信息披露——来自中国上市公司的经验证据［J］. 会计研究，2017（10）：86-92.
[21] 连玉君，苏治. 融资约束、不确定性与上市公司投资效率［J］. 管理评论，2009（1）：19-26.
[22] 林乐，谢德仁. 分析师荐股更新利用管理层语调吗？——基于业绩说明会的文本分析［J］. 管理世界，2017（11）：125-145.
[23] 林毅夫，李志赟. 政策性负担、道德风险与预算软约束［J］. 经济研究，2004（2）：17-27.
[24] 鲁桂华，张静，刘保良. 中国上市公司自愿性积极业绩预告：利公还是利私——基于大股东减持的经验证据［J］. 南开管理评论，2017（2）：133-143.
[25] 卢现祥. 新制度经济学［M］. 武汉：武汉大学出版社，2004.
[26] 罗玫，魏哲. 股市对业绩预告修正一视同仁吗？［J］. 金融研究，2016（7）：191-206.
[27] 罗炜，朱春艳. 代理成本与公司自愿性披露［J］. 经济研究，2010（10）：143-155.
[28] 钱锡红，徐万里，李孔岳. 企业家三维关系网络与企业成长研究——基于珠三角私营企业的实证［J］. 中国工业经济，2009（1）：87-97.
[29] 乔旭东. 上市公司年度报告自愿披露行为的实证研究［J］. 当代经济科学，2003（2）：74-78.
[30] 权小锋，吴世农. CEO 权力强度、信息披露质量与公司业绩的波动性——基于深交所上市公司的实证研究［J］. 南开管理评论，2010（4）：142-153.
[31] 沈洪涛，游家兴，刘江宏. 再融资环保核查、环境信息披露与权益资本成本［J］. 金融研究，2010（12）：159-172.

[32] 宋献中. 论企业核心能力信息的自愿披露 [J]. 会计研究，2006 (2)：47-52.

[33] 孙淑伟，梁上坤，阮刚铭，付宇翔. 高管减持、信息压制与股价崩盘风险 [J]. 金融研究，2017 (11)：175-190.

[34] 唐雪松，周晓苏，马如静. 政府干预、GDP 增长与地方国企过度投资 [J]. 金融研究，2010 (8)：33-48.

[35] 唐跃军，吕斐适，程新生. 大股东制衡、治理战略与信息披露——来自 2003 年中国上市公司的证据 [J]. 经济学（季刊)，2008，7 (2)：647-664.

[36] 田利辉，王可第. 社会责任信息披露的“掩饰效应”和上市公司崩盘风险——来自中国股票市场的 DID-PSM 分析 [J]. 管理世界，2017 (11)：146-157.

[37] 汪炜，蒋高峰. 信息披露、透明度与资本成本 [J]. 经济研究，2004 (7)：107-114.

[38] 王雄元，高曦，何捷. 年报风险信息披露与审计费用——基于文本余弦相似度视角 [J]. 审计研究，2018 (5)：98-104.

[39] 王雄元，李岩琼，肖忞. 年报风险信息披露有助于提高分析师预测准确度吗？[J]. 会计研究，2017 (10)：37-43.

[40] 巫升柱. 中国上市公司年度报告自愿披露影响因素的实证分析 [J]. 当代财经，2007 (8)：121-124.

[41] 姚颐，赵梅. 中国式风险披露、披露水平与市场反应 [J]. 经济研究，2016，51 (7)：158-172.

[42] 伊志宏，姜付秀，秦义虎. 产品市场竞争、公司治理与信息披露质量 [J]. 管理世界，2010 (1)：133-141.

[43] 于富生，张敏. 信息披露质量与债务成本——来自中国证券市场的经验证据 [J]. 审计与经济研究，2007 (9)：93-96.

[44] 曾庆生，周波，张程，陈信元. 年报语调与内部人交易：“表里如一”还是“口是心非”？[J]. 管理世界，2018 (9)：143-160.

[45] 张琦，郑瑶. 媒体报道能影响政府决算披露质量吗？ [J]. 会计研究，2018 (1)：39-45.

[46] 张学勇，廖理. 股权分置改革、自愿性信息披露与公司治理 [J]. 经济研究，2010 (4)：28-39.

[47] 张宗新，杨飞，袁庆海. 上市公司信息披露质量提升能否改进公司绩效？——基于 2002—2005 年深市上市公司的经验证据 [J]. 会计研究，2007 (10)：17-23.

[48] 张宗新，朱伟骅. 我国上市公司信息披露质量的实证研究 [J]. 南开经济研究，2007

(1): 45-59.

[49] 周楷唐，姜舒舒，麻志明. 政治不确定性与管理层自愿业绩预测 [J]. 会计研究，2017 (10): 65-70.

[50] ACCA. Beyond Numbers, What Do Investors Need? [EB/OL]. http. //www2. accaglobal. com/pdfs/beyondnumbers_ en, 2011.

[51] Aerts, W., D. Cormier and M. Magnan. Corporate Environmental Disclosure, Financial Markets and the Media: An International Perspective [J]. Ecological Economics, 2008 (64): 643-659.

[52] Akerlof, G. A.. The Market for "Lemons": Quality Uncertainty and the Market Mechanism [J]. Quarterly Journal of Economics, 1970, 84 (3): 488-500.

[53] Ali, A., S. Klasa and E. Yeung. The Limitations of Industry Concentra-tion Measures Constructed With Compustat Data: Implications for Finance Research [J]. Review of Financial Studies, 2009, 22 (10): 3839-3871.

[54] Almeida, H., M. Campello and C. Liu. The Financial Accelerator: Evidence From International Housing Markets [J]. Review of Finance, 2006, 10 (3): 1-32.

[55] Almeida, H., M. Campello and M. Weisbach. The Cash Flow Sensitivity of Cash [J]. Journal of Finance, 2004, 59 (4): 1777-1804.

[56] American Institute of Certified Public Accountants. Improving Business Reporting: A Customer Focus [M]. New York, 1994.

[57] Amihud, Y. and H. Mendelson. The Effects of Beta, Bid-Ask Spread, Residual Risk and Size on Stock Returns [J]. The Journal of Finance, 1989, 44 (2): 479-486.

[58] Amir, E. and B. Lev. Value-relevance of Non-Financial Information: The Wireless Communications Industry [J]. Journal of Accounting and Economics, 1996, 22 (1-3): 3-30.

[59] Arthur Andersen. Spice up the Story: A Survey of Narrative Reporting in Annual Reports [R]. Arthur Andersen, London, 2000.

[60] Ashta, A.. Behavioral Influences on the Calculation of Expectations in Project Appraisal [J]. Journal of Behavior Finance, 2007, 4 (2): 7-31.

[61] Athanasakou, V. and K. Hussainey. Forward-Looking Performance Disclos-ure and Earnings Quality [D]. Working Paper, 2010.

[62] Barton, J. and M. Mercer. To Blame or not to Blame: Analysts' Reactions to Explanations of Poor Management Performance [J]. Journal of Accounting and Economics, 2005 (39):

509-533.

[63] Baker, M., J. Stein and J. Wurgler. When Does the Market Matter? Stock Prices and Investment of Equity- dependent Firms [J]. Quarterly Journal of Economics, 2003, 118 (3): 969 -1006.

[64] Balakrishnan, K., J. E. Core and R. S. Verdi. Does Financial Reporting Quality affect Firm - Level Investments? Evidence from Shocks to Collateral Value [D]. Working Paper, 2011.

[65] Barron, O. E., C. O. Kile and T. B. O' Keefe. MD&A Quality as a Measure by the SEC and Analysts' Earnings Forecasts [J]. Contemporary Accounting Research, 1999, 16 (1): 75-109.

[66] Biddle, G. and G. Hilary. Accounting Quality and Firm-Level Capital Investment [J]. The Accounting Review, 2006, 81 (5): 963-982.

[67] Biddle, G., G. Hilary and R. Verdi. How does Financial Reporting Quality Relate to Investment Efficiency? [J]. Journal of Accounting and Economics, 2009, 48 (2 - 3): 112-131.

[68] Beyer, A., D. A. Cohen, T. Z. Lys and B. R. Walther. The Financial Reporting Environment: Review of the Recent Literature [J]. Journal of Accounting and Economics, 2010, 50 (2-3): 296-343.

[69] Beattie, V. A., B. McInnes and S. Fearnley. A Methodology for Analysing and Evaluating Narratives in Annual Reports: A Comprehensive Description Profile and Metrics for Disclosure Quality Attributes [J]. Accounting Forum, 2004, 28 (3): 205-236.

[70] Berger, P. G. Challenges and Opportunities in Disclosure Research-A Discussion of The Financial Reporting Environment: Review of the Recent Literature [J]. Journal of Accounting and Economics, 2011, 51 (1): 204-218.

[71] Berger, P. and R. Hann. Segment Profitability and the Proprietary and Agency Costs of Disclosure [J]. The Accounting Review, 2007, 82 (4): 869-906.

[72] Botosan, C. A.. Disclosure Level and the Cost of Equity Capital [J]. The Accounting Review, 1997, 72 (3): 323-349.

[73] Botosan, C. and M. Harris. Motivations for a Change in Disclosure Frequency and Its Consequences: An Examination of Voluntary Quarterly Segment Disclosures [J]. Journal of Accounting Research, 2000, 38 (2): 329-353.

[74] Botosan, C. A. and M. Stanford. Managers' Motives to Withhold Segment Disclosures and the Effect of SFAS No. 131 on Analysts' Information Environment [J]. The Accounting Review, 2005, 80 (3): 751-771.

[75] Bowen, R. M., A. K. Davis and D. A. Matsumoto. Emphasis on Pro Forma Versus GAAP Earnings in Quarterly Press Releases: Determinants, SEC Intervention and Market Reactions [J]. The Accounting Review, 2005, 80 (4): 1011-1038.

[76] Bozanic, Zahn, Darren T. Roulstone and Andrew Van Buskirk. Management Earnings Forecasts and Other Forward-Looking Statements [J]. Journal of Accounting and Economics, 2018, 65 (1): 1-20.

[77] Brazel, J., K. Jones and M. F. Zimbelman. Using Nonfinancial Measures to Assess Fraud Risk [J]. Journal of Accounting Research, 2009, 47 (5): 1135-1166.

[78] Bryan, S. H.. Incremental Information Content Required Disclosures Contained in Management Discussion and Analysis [J]. The Accounting Review, 1997, 72 (2): 285-301.

[79] Bujaki, M., D. Zeghal and R. Bozec. The Disclosure of Future Oriented Information in Annual Reports of Canadian Corporations [D]. Working Paper, 1999.

[80] Bushman, R., J. Piotroski and A. Smith. Capital Allocation and Timely Accounting Recognition of Economic Losses [J]. Journal of Business, Finance and Accounting, 2011, 38 (1-2): 1-33.

[81] Bozzolan, S., M. Trombetta and S. Beretta. Forward-Looking Disclosures, Financial Verifiability and Analysts' Forecasts: A Study of Cross-Listed European Firms [J]. European Accounting Review, 2009, 18 (3): 435-473.

[82] Campbell, J., H. Chen, D. S. Dhaliwal, H. M. Lu and L. Steele. The Information Content of Mandatory Risk Factor Disclosures in Corporate Filings [J]. Review of Accounting Studies, 2014, 19 (1): 396-455.

[83] Cannizzaro, A. P. and Weiner, R. J. Multinational Investment and Voluntary Disclosure: Project-level Evidence from the Petroleum Industry [J]. Accounting, Organization and Society, 2015 (42): 32-47.

[84] Chen, G., M. Firth, D. N. Gao. Is China' s Securities Regulatory Agency a Toothless Tiger? Evidence from Enforcement Actions [J]. Journal of Accounting and Public Policy, 2005, 24 (6): 451-488.

[85] Chen, S., S. Y. J. Sun and D. Wu. Client Importance, Institutional Improvements, and

Audit Quality in China: An Office and Individual Auditor Level Analysis [J]. The Accounting Review, 2010, 85 (1): 127-158.

[86] Christine, W.. Discussion of "Voluntary Disclosure and Equity Offerings: Reducing Information Asytnmetry or Hyping the Stock?" [J]. Contemporary Accounting Research, 2000, 17 (4): 663-669.

[87] Clatworthy, M. and M. J. Jones. Financial Reporting of Good News and Bad News: Evidence from Accounting Narratives [J]. Accounting and Business Research, 2003, 33 (3): 171-185.

[88] Core, J. E.. A Review of The Empirical Disclosure Literature: Discussion [J]. Journal of Accounting and Economics, 2001, 31 (1-3): 441-456.

[89] Cormier, D. and M. Magnan. Environmental Reporting Management: A European Perspective [J]. Journal of Accounting and Public Policy, 2003 (22): 43-62.

[90] Crawford, V. and J. Sobel. Strategic Information Transformation [J]. Econometrica, 1982 (50): 1431-1451.

[91] Darrough, M. N. and N. M. Stoughton. Financial Disclosure Policy in an Entry Game [J]. Journal of Accounting and Economics, 1990, 12 (1-3): 480-511.

[92] Dhaliwal, D. S., O. Z. Li, A. Tsang and Y. G. Yang. Voluntary Nonfinancial Disclosure and the Cost of Equity Capital: The Initiation of Corporate Social Responsibility Reporting [J]. The Accounting Review, 2011, 86 (1): 59-100.

[93] Dhaliwal, D. S., S. Radhakrishnan, A. Tsang and Y. G. Yang. Nonfinancial Disclosure and Analyst Forecast Accuracy: International Evidence on Corporate Social Responsibility Disclosure [J]. The Accounting Review, 2012, 87 (3): 723-759.

[94] Diamond, D. and R. Verrecchia. Disclosure, Liquidity, and the Cost of Equity Capital [J]. Journal of Finance, 1991 (46): 1325-1360.

[95] Dutta, S., and Nezlobin, A. Dynamic Effect of Information Disclosure on Investment Efficiency [J]. Journal of Accounting Research, 2017 (55): 329-369.

[96] Dye, R. A.. Disclosure of Non-Proprietary Information [J]. Journal of Accounting Research, 1985, 23 (1): 123-145.

[97] Dye, R. A.. Proprietary and Nonproprietary Disclosures [J]. Journal of Business, 1986, 59 (2): 331-366.

[98] Feltham, G. A. and J. Z. Zie. Voluntary Financial Disclosure in an Entry Game with

Continua of Types [J]. Contemporary Accounting Research, 1992 (9): 46-80.

[99] Fischer, P. E. and R. E. Verrecchia. Disclosure Bias [J]. Journal of Accounting and Economics, 2004 (38): 223-250.

[100] Frederickson, J. R. and G. S. Miller. The Effects of Pro Forma Earnings Disclosures on Analysts' and Nonprofessional Investors' Equity Valuation Judgments [J]. The Accounting Review, 2004, 79 (3): 667-686.

[101] Gigler, F. and T. Hemmer. On the Frequency, Quality, and Informati-onal Role of Mandatory Financial Reports [J]. Journal of Accounting Research, 1998 (36): 117-147.

[102] Glosten, L. and P. Milgrom. Bid, Ask and Transaction Prices in a Specialist Market with Heterogeneously Informed Traders [J]. Journal of Financial Economics, 1985 (14): 71-100.

[103] Gomes, J.. Financing Investment [J]. American Economic Review, 2001 (91): 1263-1285.

[104] Goodman, T. H., Neamtiu, M., Shroff, N. and White, H. D. Manage-ment Forecast Quality and Capital Investment Decisions [J]. The Accounting Review, 2014 (89): 331-365.

[105] Graham, J., C. Harvey and S. Rajgopal. The Economic Implications of Corporate Financial Reporting [J]. Journal of Accounting and Economics, 2005, 40 (1): 3-73.

[106] Grossman, S. J. The Informational Role of Warranties and Private Disclosure about Product Quality [J]. Journal of Law and Economics, 1981, 24 (3): 461-484.

[107] Grossman, S. J. and O. Hart. Disclosure Laws and Takeover Bids [J]. Journal of Finance, 1980 (35): 323-334.

[108] Huang, A. H., A. Y. Zang and R. Zheng. Evidence on the Information Content of Text in Analyst Reports [J]. The Accounting Review, 2014, 89 (6): 2151-2180.

[109] Healy, P. and K. Palepu. Information Asymmetry, Corporate Disclosure, and the Capital Markets: A Review of the Empirical Disclosure Literature [J]. Journal of Accounting and Economics, 2001, 31 (1-3): 405-440.

[110] Hope, O. -K., Hu, D. and Lu, H. The Benefits of Specific Risk-factor Disclosures [J]. Review of Accounting Studies, 2016 (21): 1005 - 1045.

[111] Hope, O. and W. Thomas. Managerial Empire Building and Firm Disclosure [J]. Journal of Accounting Research, 2008, 46 (3): 591-626.

[112] Hussainey, K., T. Schleicher and M. Walker. Undertaking Large - Scale Disclosures Studies When AIMR-FAF Ratings Are not Available. The Case of Price Leading Earnings [J]. Accounting and Business Research, 2003, 33 (4): 275-294.

[113] Jensen, M. and W. Meckling. Theory of Firm: Managerial Behavior, Agency Costs and Capital Structure [J]. Journal of Financial Economics , 1976, 3 (2): 305-360.

[114] Ji, X., Lu, W. and Qu, W. Determinants and Economic Consequences of Voluntary Disclosure of Internal Control Weakness in China [J]. Journal of Contemporary Accounting & Economics, 2015 (11): 1-17.

[115] Jo, H. and Y. Kim. Disclosure Frequency and Earnings Management [J]. Journal of Financial Economics, 2007, 84 (2): 561-590.

[116] Johnson, S.. SEC Pushes Companies for More Risk Information [N]. CFO Magazine, 2010.

[117] Jovanovic, B.. Truthful Disclosure of Information [J]. Bell Journal of Economics, 1982, 13 (1): 36-44.

[118] Jung, W. O. and Y. K. Kwon. Disclosure When the Market is Unsure of Information Endowment of Managers [J]. Journal of Accounting Research 1988, 26 (1): 146-153.

[119] Kanodia, C. and Sapra, H. A Real Effects Perspective to Accounting Meas Urement and Disclosure: Implications and Insights for Future Research [J]. Journal of Accounting Research, 2016 (54): 623-676.

[120] Karuna, C.. Industry Product Market Competition and Managerial Incentives [J]. Journal of Accounting and Economics, 2007, 43 (2-3): 275-297.

[121] Karuna, C.. Industry Product Market Competition and Corporate Voluntary Disclosure: Evidence from Forward-Looking Line Items at the Industrial Segment Level [D]. Working Paper, 2010.

[122] Kedia, S. and T. Philippon. The Economics of Fraudulent Accounting [J]. Review of Financial Studies, 2009, 22 (6): 2169-2199.

[123] Korn, E.. Voluntary Disclosure of Partially Verifiable Information [J]. Schmalenbach Business Review, 2004 (56): 139-163.

[124] Kothari, S. P., S. Shu and P. Wysocki. Do Managers Withhold Bad News? [J]. Journal of Accounting Research, 2009, 47 (1): 241-276.

[125] Kravet, T. and V. Muslu. Textual Risk Disclosures and Investors' Risk Perceptions [J].

Review of Accounting Studies, 2013, 18 (4): 1088-1122.

[126] Krische, S. D.. Investors' Evaluations of Strategic Prior-Period Benchmark Disclosures in Earnings Announcements [J]. The Accounting Review, 2005, 80 (1): 243-268.

[127] Lai, S. -M., Liu, C. -L. and Wang, T. Increased Disclosure and Invest Ment Efficiency [J]. Asia-Pacific Journal of Accounting & Economics, 2014 (21): 308-327.

[128] Lanen, W. N. and R. E. Verrecchia. Operating Decisions and the Disclosure of Management Accounting Information [J]. Journal of Accounting Research, 1987 (25): 165-189.

[129] Lang, M. H. and R. J. Lundholm. Voluntary Disclosure and Equity Offerings: Reducing Information Asymmetry or Hyping the Stock? [J]. Contemporary Accounting Research, 2000, 17 (4): 623-662.

[130] Li, F.. Annual Report Readability, Current Earnings, and Earnings Persistence [J]. Journal of Accounting and Economics, 2008, 45 (2-3): 221-247.

[131] Li, F.. The Information Content of Forward-Looking Statements in Corporate Filings-A Naïve Bayesian Machine Learning Approach [J]. Journal of Accounting Research, 2010, 48 (5): 1049-1102.

[132] Mercer, M.. How do Investors Assess the Credibility of Management Disclosures [J]. Accounting Horizons, 2004, 18 (3): 185-196.

[133] Merkl-Davies, D. M. and N. M. Brennan. Discretionary Disclosure Strategies in Corporate Narratives: Incremental Information or Impression Management? [J]. Journal of Accounting Literature, 2007 (26): 116-194.

[134] Milgrom, P.. Good News and Bad News: Representation Theorems and Applications [J]. Bell Journal of Economics, 1981, 12 (2): 18-32.

[135] Miller, Gregory S. and J. Skinner Douglas. The Evolving Disclosure Landscape: How Changes in Technology, the Media, and Capital Markets Are Affecting Disclosure [J]. Journal of Accounting Research, 2015, 53 (2): 221-239.

[136] Muslu, V., S. Radhakrishnan, K. R. Subramanyam and D. Lim. Forward-looking MD&A Disclosures and the Information Environment [J]. Management Science, 2014, 61 (5): 931-948.

[137] Murphy, K. J.. Corporate Performance and Managerial Remuneration: An Empirical Analysis [J]. Journal of Accounting and Economic , 1985, 7 (1): 11- 42.

[138] Myers, S. Determinants of Corporate Borrowing [J]. Journal of Financial Economics,

1977 (5): 147-175.

[139] Myers, S. C.. The Capital Structure Puzzle [J]. Journal of Finance, 1984 (39): 575-592.

[140] Myers, S. and N. Majluf. Corporate Investment and Financing Decisions When Firms Have Information that Investors do not Have [J]. Journal of Financial Economics, 1984 (13): 187-221.

[141] Park, S. H. and Y. Luo. Guanxi and Organizational Dynamics: Organizational Networking in Chinese Firms [J]. Strategic Management Journal, 2001, 22 (5): 455-477.

[142] Peng, M. W. and Y. Luo. Managerial Ties and Firm Performance in a Transition Economy: The Nature of a Micro-Macro Link [J]. Academy of Management Journal, 2000, 43 (3): 486-501.

[143] Penno, M. C.. Information Quality and Voluntary Disclosure [J]. The Accounting Review, 1997, 72 (2): 275-284.

[144] Piotroski, Joseph D., T. J. Wong and Tianyu Zhang. Political Incentives to Suppress Negative Information: Evidence from Chinese Listed Firms [J]. Journal of Accounting Research, 2015, 53 (2): 405-459.

[145] Pistor, K. and C. Xu. Incomplete Law, Columbia Law and Economics [D]. Working Paper, 2002.

[146] Richardson, S.. Over-investment of Free Cash Flow [J]. Review of Accounting Studies, 2006, 11 (2-3): 159-189.

[147] Rosen, S.. The Economics of Superstars [J]. American Economic Review, 1981 (71): 845-858.

[148] Shroff, N., Verdi, R. and Yu, G. Information Environment and the Investment Decisions of Multinational Corporations [J]. The Accounting Review, 2014 (89): 759-790.

[149] Simpson, A.. Analysts' Use of Nonfinancial Information Disclosures [J]. Contemporary Accounting Research, 2010, 27 (1): 249-288.

[150] Skinner, D.. Accounting for Intangibles: A Critical Review of Policy Recommendations [J]. Accounting and Business Research, 2008, 38 (3): 191-204.

[151] Stocken, P.. Credibility of Voluntary Disclosure [J]. Rand Journal of Economics, 2000 (31): 359-374.

[152] Tsang, E. W. K.. Can Guanxi Be a Source of Sustained Competitive Advantage for Doing

Business in China [J]. Academy of Management Executive, 1998, 12 (2): 64-72.

[153] Vanstraelen, A., M. T. Zarzewski and S. W. G. Robb. Corporate Non-Financial Disclosure Practices and Financial Analyst Forecast Ability Across Three European Countries [J]. Journal of International Financial Management and Accounting, 2003, 14 (3): 249-278.

[154] Verrecchia, R. E.. Discretionary Disclosure [J]. Journal of Accounting and Economics, 1983, 5 (3): 365-380.

[155] Verrecchia, R. E. and J. Weber. Redacted Disclosure [J]. Journal of Accounting Research, 2006 (44): 791-814.

[156] Wagenhofer, J.. Voluntary Disclosure with a Strategic Opponent [J]. Journal of Accounting and Economics, 1990, 12 (4): 341-363.

[157] Watts, R. and J. Zimmerman. Towards a Positive Theory of the Determination of Accounting Standards [J]. The Accounting Review, 1978 (53): 112-134.

[158] Welker, M.. Disclosure Policy, Information Asymmetry, and Liquidity in Equity Markets [J]. Contemporary Accounting Research, 1995, 11 (2): 801-827.

重要术语索引